Tratado da verdadeira devoção à Santíssima Virgem

Dados Internacionais de Catalogação na Publicação (CIP)
(Câmara Brasileira do Livro, SP, Brasil)

Montfort, Luís Maria Grignion de, 1673-1716
  Tratado da verdadeira devoção à Santíssima Virgem / por São Luís Maria Grignion de Montfort. – Petrópolis, RJ : Vozes, 2023.

  1ª reimpressão, 2024.

  ISBN 978-85-326-6567-6

  1. Cristianismo 2. Espiritualidade 3. Livro de oração e devoção 4. Maria, Virgem, Santa – Devoção I. Título.

23-163072   CDD-232.91

Índices para catálogo sistemático:
  1. Maria, Virgem, Santa : Devoção : Mariologia   232.91

Eliane de Freitas Leite – Bibliotecária – CRB 8/8415

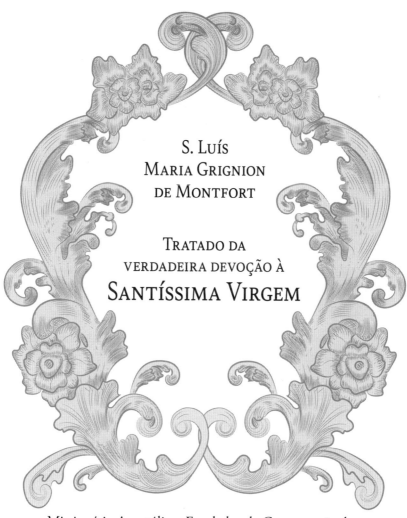

S. Luís
Maria Grignion
de Montfort

Tratado da
verdadeira devoção à
Santíssima Virgem

Missionário Apostólico, Fundador da Congregação dos Missionários da Companhia de Maria e da Congregação das Filhas da Sabedoria

EDITORA VOZES

Petrópolis

© 1961, 2023, Editora Vozes Ltda.
Rua Frei Luís, 100
25689-900 Petrópolis, RJ
www.vozes.com.br
Brasil

Todos os direitos reservados. Nenhuma parte desta obra poderá ser reproduzida ou transmitida por qualquer forma e/ou quaisquer meios (eletrônico ou mecânico, incluindo fotocópia e gravação) ou arquivada em qualquer sistema ou banco de dados sem permissão escrita da editora.

Conselho editorial

Diretor
Volney J. Berkenbrock

Editores
Aline dos Santos Carneiro
Edrian Josué Pasini
Marilac Loraine Oleniki
Welder Lancieri Marchini

Conselheiros
Elói Dionísio Piva
Francisco Morás
Gilberto Gonçalves Garcia
Ludovico Garmus
Teobaldo Heidemann

Secretário executivo
Leonardo A.R.T. dos Santos

Produção editorial
Aline L.R. de Barros
Marcelo Telles
Mirela de Oliveira
Otaviano M. Cunha
Rafael de Oliveira
Samuel Rezende
Vanessa Luz
Verônica M. Guedes

Conselho de projetos editoriais
Isabelle Theodora R.S. Martins
Luísa Ramos M. Lorenzi
Natália França
Priscilla A.F. Alves

Diagramação: Sheilandre Desenv. Gráfico
Revisão gráfica: Heloísa Brown
Capa completa: Érico Lebedenco

ISBN 978-85-326-6567-6

Este livro foi composto e impresso pela Editora Vozes Ltda.

Sumário

Não de recomendação, mas de oração, 7

Prefácio, 9

Introdução, 15

Capítulo I. Necessidade da devoção à Santíssima Virgem, 21

Capítulo II. Verdades fundamentais da devoção à Santíssima Virgem, 45

Capítulo III. Escolha da verdadeira devoção à Santíssima Virgem, 67

Capítulo IV. Da perfeita devoção à Santíssima Virgem ou a perfeita consagração a Jesus Cristo, 83

Capítulo V. Motivos que nos recomendam esta devoção, 93

Capítulo VI. Figura bíblica desta perfeita devoção: Rebeca e Jacó, 123

Capítulo VII. Efeitos maravilhosos que esta devoção produz numa alma que lhe é fiel, 141

Capítulo VIII. Práticas particulares desta devoção, 151

Suplemento, 171

Apêndice, 176

Índice, 219

Não de recomendação, mas de oração...

Se há livro que não precise de recomendação alguma – tão recomendado anda ele neste mundo, em não sei quantas línguas, e por si mesmo e por legiões de admiradores e seguidores – é o livro clássico de São Luís Maria Grignion de Montfort, com o título *Traité de la vraie devotion à la Sainte Vierge*, que agora aparece em nova edição brasileira.

Toda a sua razão de ser, toda a sua argumentação, toda a sua finalidade e todo o seu encanto se resumem, precisamente, nas primeiras palavras da introdução: É pela Santíssima Virgem Maria que Jesus Cristo veio ao mundo, é pela Santíssima Virgem Maria que Jesus Cristo deve reinar no mundo, isto é, no pequeno mundo, que é a alma humana; no mundo maiorzinho que é a família; e no grande mundo que são as sociedades, as nações. Eis o grande mistério de Maria, que Montfort anuncia com a eloquência convincente de um apóstolo, quer dizer, de uma alma apaixonada.

"Nos séculos passados – escreve o Rev. Pe. Bernard, O.P., em seu livro também admirável sobre Nossa Senhora – ninguém como o B. Grignion de Montfort tanto contribuiu para espalhar entre as almas esse sentimento de nossa dependência para com a Santíssima Virgem e de sua maternidade para conosco. Ouvindo-o publicar com tanto fervor e inspiração esse mistério, a gente julgaria ouvir São Paulo pregando à Igreja primitiva sobre a riqueza insondável de Jesus Cristo."

Um livro assim não precisa de recomendação. Mas precisa de oração. O santo autor já previa a raiva do inferno e dos homens de má vontade contra este livrinho destinado a colocar as almas no regaço maternal de Maria, no mesmo regaço onde nasceu Jesus.

Que se reze, pois, para que a edição em língua portuguesa que a Editora Vozes Ltda. publica com tanto carinho se torne muito e muito conhecida. Que se reze, principalmente, para que as almas boas compreendam a doutrina sublime destas páginas e, compreendendo-a, a saibam viver.

É um livro, pois, que não precisa de recomendação alguma, mas sim de oração, de muita oração, para que, a despeito das arremetidas da impiedade e da falsa piedade, ele realize, entre nós também, o seu apostolado de santificação e de elevação das almas, por Maria, em Jesus Cristo.

Vai, livrinho de ouro, vai nas asas da oração de todos os que te admiram, vai ensinar às almas por este Brasil afora, que Maria é nossa e que nós somos de Maria, porque Maria é de Cristo e Cristo é de Maria, que no-lo deu.

Fr. Henrique G. Trindade, O.F.M.
Guaratinguetá, Dia de Nossa Senhora do Carmo, 1938

Prefácio do Padre F.W. Faber

Foi em 1846 ou 1847, em São Wilfrido, que estudei pela primeira vez a vida e o espírito do venerável Grignion de Montfort. Hoje, mais de quinze anos depois, posso dizer que aqueles que o tomam por mestre, dificilmente acharão um santo ou um escritor ascético que mais lhes cative a inteligência por sua graça e seu espírito. Não o podemos ainda chamar santo; porém o processo de sua beatificação está tão propiciamente adiantado que não devemos ter muito que esperar para vê-lo colocado em nossos altares.

Poucos homens, no século XVIII, trazem em si mais fortemente gravados os sinais do homem da Providência, do que esse novo Elias, missionário do Espírito Santo e de Maria Santíssima. Toda a sua vida foi uma tal manifestação da santa loucura da cruz, que os seus biógrafos são concordes em classificá-lo com São Simeão Salus e São Filipe Néri. Clemente XI fê-lo missionário apostólico em França, para que ele empregasse a vida em combater o jansenismo, tão cheio de perigo para a salvação das almas. Será difícil achar, depois das epístolas dos apóstolos, palavras tão ardentes como as doze páginas da sua "Prece" pelos missionários de sua Companhia[1]. Recomendo-a a todos os que encontram dificuldade em conservar, no meio de numerosas provações, o fogo primitivo do amor pela salvação das almas.

---

1. Encontra-se esta bela "Prece" no fim do volume.

Grignion de Montfort era ao mesmo tempo perseguido e venerado em toda parte. A soma de seus trabalhos é, como a de Santo Antônio de Pádua, verdadeiramente incrível e inexplicável. Escreveu alguns trabalhos espirituais, que embora conhecidos há pouco tempo, já têm exercido influência notável na Igreja, e estão chamados a influência muito maior no futuro. Suas prédicas, seus escritos, sua conversação eram impregnados de profecias e de visões antecipadas das últimas eras da Igreja.

Novo São Vicente Ferrer, adianta-se, como se estivesse nos dias precursores do juízo final, e proclama-se portador, da parte de Deus, de uma mensagem autêntica: mais honra, conhecimento mais vasto, amor mais ardente à Maria Santíssima, e anuncia a união íntima que ela terá com o segundo advento de seu Filho.

Fundou duas congregações religiosas, uma de homens, outra de mulheres, ambas muito prósperas. E, entretanto, morreu com 43 anos, em 1716, tendo apenas dezesseis anos de sacerdócio.

A 12 de maio de 1853, foi promulgado, em Roma, o decreto que declara os seus escritos isentos de todo erro que pudesse servir de obstáculo à sua canonização. Neste trabalho sobre a verdadeira devoção à Santíssima Virgem, escreveu ele estas palavras proféticas: "Vejo claramente no futuro animais frementes que se precipitam com furor para estraçalhar com os dentes diabólicos este pequeno escrito e aquele de quem se serviu o Espírito Santo para escrevê-lo; ou para sepultá-lo, ao menos, no silêncio de um armário a fim de que não veja a luz".

Apesar disso, prediz, ao mesmo tempo, a aparição e o sucesso do livro. Cumpriu-se tudo à risca. O autor morrera em 1716, e só em 1842 foi descoberto, como por acaso, este tratado, por um dos sacerdotes da sua Congregação, em Saint-Laurent-sur-Sèvre. O superior de então pôde atestar que o manuscrito era do venerável fundador e o autógrafo foi enviado a Roma, a fim de ser examinado no processo de canonização.

Com certeza, os que vão ler este livro já amam a Deus e desejariam amá-lo ainda mais; todos desejam alguma coisa para a sua glória: a propagação de uma boa obra, a vinda de melhores tempos, o sucesso de uma devoção; um empregou durante anos todos os esforços para vencer um defeito particular e não o conseguiu; outro tem pedido com lágrimas a conversão de seus pais e amigos, e está admirado de que, apesar de suas lágrimas, tão poucos dentre eles se tenham convertido à fé; este se entristece por não ter bastante devoção; aquele se aflige por ter que carregar uma cruz que lhe parece muito pesada para a sua fraqueza, enquanto outro encontra no seio da família perturbações e infelicidades domésticas que lhe parecem incompatíveis com a obra de sua salvação; e para todas essas tristezas a oração parece trazer tão pouco alívio! Qual é, pois, o remédio que lhes falta? Qual o remédio indicado pelo próprio Deus? É, segundo as revelações dos santos, uma dilatação imensa da devoção à Santíssima Virgem; mas, reflitamos bem, o imenso não admite restrições nem limites.

Aqui, na Inglaterra, Nossa Senhora não é bastante pregada e conhecida. A devoção que lhe consagram é fraca, escassa, mesquinha, transviada pelos escárnios da heresia. Dominada pelo respeito humano e pela prudência carnal, desejaria fazer da verdadeira Maria uma Maria tão pequena que os protestantes se pudessem sentir à vontade junto dela. Sua ignorância da teologia tira a Maria toda a vida e dignidade; ela não é, como deve ser, o caráter saliente da nossa religião; não tem fé em si mesma. E é por esta razão que Jesus não é amado, que os hereges não são convertidos, que a Igreja não é exaltada; almas que poderiam ser santas, desfalecem e degeneram; os sacramentos não são frequentados como

11

o deveriam ser; as almas não são evangelizadas com o entusiasmo do zelo apostólico; Jesus não é conhecido, porque Maria é deixada no esquecimento; perecem milhares de almas, porque Maria delas está distante. É esta sombra indigna e miserável, à qual ousamos dar o nome de devoção à Santíssima Virgem, que é a causa de todas estas misérias, de todos estes males, de todas estas omissões, de toda esta tibieza. Entretanto, segundo as revelações dos santos, quer Deus expressamente uma devoção mais vasta, mais extensa, mais sólida, uma devoção muito diferente da atual, para com sua Mãe santíssima. Sou de opinião que não há obra mais excelente, mais eficaz para se conseguir este fim, do que a simples propagação desta devoção particular do venerável Grignion de Montfort.

Basta apenas que uma pessoa experimente para si esta devoção; em breve, a surpresa que lhe causarão as graças que ela traz consigo, assim como as transformações que produzirá em sua alma, convencê-la-ão de sua eficácia, quase incrível aliás, como meio para conseguir a salvação das almas e a vinda do reino de Jesus Cristo! Oh! se Maria fosse ao menos conhecida, não haveria frieza para Jesus! Oh! se Maria fosse ao menos conhecida, quão mais admirável seria nossa fé, como seriam diferentes as nossas comunhões! Oh! se Maria fosse ao menos conhecida, quanto mais felizes, mais santos, menos mundanos seríamos, como nos tornaríamos imagens vivas de Nosso Senhor e Salvador, seu diletíssimo e diviníssimo Filho!

Eu mesmo traduzi o tratado todo, o que me deu muito trabalho; e fui escrupulosamente fiel. Tomo ao mesmo tempo a liberdade de avisar o leitor de que com uma só leitura do livro não o poderá compreender a fundo. Acha-se neste livro, se assim ouso dizer, o sentimento de um não sei quê de inspirado e sobrenatural, que vai sempre em aumento, à medida que nos aprofundamos em seu estudo. Além disto, não se pode deixar de experimentar, depois de lê-lo repetidas vezes, que nele a novidade parece nunca envelhecer, a plenitude nunca diminuir, o fresco perfume e o fogo sensível da unção nunca se dissipar ou enfraquecer.

Digne-se o Espírito Santo, o divino Zelador de Jesus e de Maria, conceder uma nova bênção a esta obra na Inglaterra; queira ele consolar-nos dentro em breve com a canonização desse novo apóstolo e ardente missionário de sua Esposa diletíssima e imaculada, e mais ainda pelo pronto despontar dessa gloriosa era da Igreja que deve ser a gloriosa era de Maria.

F.W. Faber
Sacerdote do Oratório
No dia da apresentação de Nossa Senhora, 1862.

O manuscrito de São Luís Maria não está dividido em capítulos e artigos. Para facilitar a leitura do Tratado, foram postas em relevo as divisões que ressaltam do plano traçado pelo autor.

Um sistema de números progressivos, correspondente à sucessão das ideias, facilitará no futuro as referências às edições posteriores, quaisquer que sejam.

que ela não falasse, se bem que lhe houvesse comunicado a sabedoria divina. Deus Espírito Santo consentiu que os apóstolos e evangelistas a ela mal se referissem, e apenas no que fosse necessário para manifestar Jesus Cristo. E, no entanto, ela era a Esposa do Espírito Santo.

5. Maria é a obra-prima por excelência do Altíssimo, cujo conhecimento[2] e domínio Ele reservou para si. Maria é a Mãe admirável do Filho, a quem aprouve humilhá-la e ocultá-la durante a vida para lhe favorecer a humildade, tratando-a de mulher – mulier (Jo 2,4; 19,26), como a uma estrangeira, conquanto em seu Coração a estimasse e amasse mais que todos os anjos e homens. Maria é a fonte selada (Ct 4,12) e a esposa fiel do Espírito Santo, onde só ele pode penetrar. Maria é o santuário, o repouso da Santíssima Trindade, em que Deus está mais magnífica e divinamente que em qualquer outro lugar do universo, sem excetuar seu trono sobre os querubins e serafins; e criatura alguma, pura que seja, pode aí penetrar sem um grande privilégio.

6. Digo com os santos: Maria Santíssima é o paraíso terrestre[3] do novo Adão, no qual este se encarnou por obra do Espírito Santo, para aí operar maravilhas incompreensíveis. É o grande, o divino mundo de Deus[4], onde há belezas e tesouros inefáveis. É a magnificência de Deus[5], em que Ele escondeu, como em seu seio, seu Filho único, e nele tudo que há de mais excelente e mais precioso. Oh! que grandes coisas e escondidas Deus todo-poderoso realizou nesta criatura admirável, di-lo ela mesma, como obrigada, apesar de sua

---

2. "[...] ut soli Deo cognoscenda reservetur" (SÃO BERNARDINO DE SENA. *Sermão 51*, art. 1, cap. 1).
3. "Rationalis secundi Adam paradisus" (SÃO LEÃO MAGNO. *Sermo de Annuntiatione*).
4. "Mundus specialissimus altissimi Dei" (SÃO BERNARDO).
5. "Magnificentia Dei" (RICARDO DE SÃO LOURENÇO. *De laud. Virg.*, lib. IV).

humildade profunda: *Fecit mihi magna qui potens est* (Lc 1,49). O mundo desconhece essas coisas porque é inapto e indigno.

7. Os santos disseram coisas admiráveis desta cidade santa de Deus; e nunca foram tão eloquentes nem mais felizes, – eles o confessam – que ao tomá-la como tema de suas palavras e de seus escritos. E, depois, proclamam que é impossível perceber a altura dos seus méritos, que ela elevou até ao trono da Divindade; que a largura de sua caridade, mais extensa que a terra, não se pode medir; que está além de toda compreensão a grandeza do poder que ela exerce sobre o próprio Deus; e, enfim, que a profundeza de sua humildade e de todas as suas virtudes e graças são um abismo impossível de sondar. Ó altura incompreensível! Ó largura inefável! Ó grandeza incomensurável! Ó abismo insondável!

8. Todos os dias, dum extremo da terra ao outro, no mais alto dos céus, no mais profundo dos abismos, tudo prega, tudo exalta a incomparável Maria. Os nove coros de anjos, os homens de todas as idades, condições e religiões, os bons e os maus, os próprios demônios são obrigados, de bom ou mau grado, pela força da verdade, a proclamá-la bem-aventurada. Vibra nos céus, como diz São Boaventura, o clamor incessante dos anjos: *Sancta, sancta, sancta Maria, Dei Genitrix et Virgo*; e milhões e milhões de vezes, todos os dias, eles lhe dirigem a saudação angélica: Ave, Maria..., prosternando-se diante dela e pedindo-lhe a graça de honrá-los com suas ordens. E a todos se avantaja o príncipe da corte celeste, São Miguel, que é o mais zeloso em render-lhe e procurar toda sorte de homenagens, sempre atento, para ter a honra de, à sua palavra, prestar um serviço a algum dos seus servidores.

9. Toda a terra está cheia de sua glória, particularmente entre os cristãos, que a tomam como padroeira e protetora em muitos países, províncias, dioceses e cidades, inúmeras catedrais são consagradas

17

sob a invocação do seu nome. Igreja alguma se encontra sem um altar em sua honra; não há região ou país que não possua alguma de suas imagens milagrosas, junto das quais todos os males são curados e se obtêm todos os bens. Quantas confrarias e congregações erigidas em sua honra! Quantos institutos e ordens religiosas abrigados sob seu nome e proteção! Quantos irmãos e irmãs de todas as confrarias, e quantos religiosos e religiosas a entoar os seus louvores, a anunciar as suas maravilhas! Não há criancinha que, balbuciando a Ave-Maria, não a louve; mesmo os pecadores, os mais empedernidos, conservam sempre uma centelha de confiança em Maria. Dos próprios demônios no inferno, não há um que não a respeite, embora temendo.

10. Depois disto é preciso dizer, em verdade, com os santos: De Maria *nunquam satis*. . . Ainda não se louvou, exaltou, honrou, amou e serviu suficientemente a Maria, pois muito mais louvor, respeito, amor e serviço ela merece.

11. É preciso dizer, ainda, com o Espírito Santo: *Omnis gloria eius filiae Regis ab intus* – Toda a glória da Filha do Rei está no interior (Sl 44,14), como se toda a glória exterior, que lhe dão, a porfia, o céu e a terra, nada fosse em comparação daquela que ela recebe no interior, da parte do Criador, e que desconhecem as fracas criaturas, incapazes de penetrar o segredo dos segredos do Rei.

12. Devemos, portanto, exclamar com o apóstolo: *Nec oculus vidit, nec auris audivit, nec in cor hominis ascendit* (1Cor 2,9) – os olhos não viram, o ouvido não ouviu, nem o coração do homem compreendeu as belezas, as grandezas e excelências de Maria, o milagre dos milagres da graça[6], da natureza e da glória. Se quiser-

---

6. "Miraculum miraculorum" (SÃO JOÃO DAMASCENO. *Oratio I de Nativitate B.V.*).

des compreender a Mãe – diz um santo – compreendei o Filho. Ela é uma digna Mãe de Deus: "Hie taceat omnis lingua" – Toda língua aqui emudeça.

13. Meu coração ditou tudo o que acabo de escrever com especial alegria, para demonstrar que Maria Santíssima tem sido, até aqui, desconhecida[7], e que é esta uma das razões por que Jesus Cristo não é conhecido como deve ser. Quando, portanto, e é certo, o conhecimento e o reino de Jesus Cristo tomarem o mundo, será como uma consequência necessária do conhecimento e do reino da Santíssima Virgem Maria. Ela o deu ao mundo a primeira vez, e também, da segunda, o fará resplandecer.

---

7. No sentido de: conhecida insuficientemente, como se depreende de todo este parágrafo e da expressão: "Jesus Cristo não é conhecido como deve ser".

Capítulo
I

Necessidade da devoção à Santíssima Virgem

14. Confesso com toda a Igreja que Maria é uma pura criatura saída das mãos do Altíssimo. Comparada, portanto, à Majestade infinita ela é menos que um átomo, é, antes, um nada, pois que só Ele é "Aquele que é" (Ex 3,14) e, por conseguinte, este grande Senhor, sempre independente e bastando-se a si mesmo, não tem nem teve jamais necessidade da Santíssima Virgem para a realização de suas vontades e a manifestação de sua glória. Basta-lhe querer para tudo fazer.

15. Digo, entretanto, que, supostas as coisas como são, já que Deus quis começar e acabar suas maiores obras por meio da Santíssima Virgem, depois que a formou, é de crer que não mudará de conduta nos séculos dos séculos, pois é Deus, imutável em sua conduta e em seus sentimentos.

Eis por que, quanto mais, em uma alma, ele encontra Maria, sua querida e inseparável esposa[2], mais operante e poderoso se torna para produzir Jesus Cristo nessa alma, e essa alma em Jesus Cristo.

21. Não se quer dizer com isto que a Santíssima Virgem dê a fecundidade ao Espírito Santo, como se ele não a tivesse. Sendo Deus, ele possui a fecundidade ou a capacidade de produzir, como o Pai e o Filho. Não a reduz, porém, a ação, e não gera outra pessoa divina. O que se quer dizer é que o Espírito Santo, por intermédio da Virgem, da qual se quis servir, se bem que não lhe fosse absolutamente necessário, reduziu ao ato a sua fecundidade, produzindo, nela e por ela, Jesus Cristo e seus membros. É um mistério da graça, inacessível até aos mais sábios e espirituais dentre os cristãos.

SEGUNDO PRINCÍPIO. – Deus quer servir-se de Maria na santificação das almas

22. A conduta das três pessoas da Santíssima Trindade, na encarnação e primeira vinda de Jesus Cristo, é a mesma de todos os dias, de um modo visível, na Igreja, e esse procedimento há de perdurar até à consumação dos séculos, na última vinda de Cristo.

23. Deus Pai ajuntou todas as águas e denominou-as mar; reuniu todas as suas graças e chamou-as Maria[1]. Este grande Deus tem um tesouro, um depósito riquíssimo, onde encerrou tudo que há de belo, brilhante, raro e precioso, até seu próprio Filho; e este tesouro imenso é Maria, que os anjos chamam o tesouro do Senhor[2] de cuja plenitude os homens se enriquecem.

---

2. "Sponsa Spiritus Sancti" (SANTO ILDEFONSO. *Liber de Corona Virginis*, cap. III). • "Sponsus eius Spiritus veritatis" (BELARMINO. *Concio 2 super "Missus est"*).
1. "Appellavit eam Mariam, quasi mare gratiarum" (S. ANTONINO. *Summa p. IV*, tit. 15, cap. 4, § 2).
2. "Ipsa est, thesaurus Domini" (Idiota, In contemplatione B.M.V.).

24. Deus Filho comunicou a sua Mãe tudo que adquiriu por sua vida e morte: seus méritos infinitos e suas virtudes admiráveis. Fê-la tesoureira de tudo que seu Pai lhe deu em herança; é por ela que Ele aplica seus méritos aos membros do corpo místico, que comunica suas virtudes, e distribui suas graças; é ela o canal misterioso, o aqueduto, pelo qual passam abundante e docemente suas misericórdias.

25. Deus Espírito Santo comunicou a Maria, sua fiel esposa, seus dons inefáveis, escolhendo-a para dispensadora de tudo que Ele possui. Deste modo ela distribui seus dons e suas graças a quem quer, quanto quer, como quer e quando quer, e dom nenhum é concedido aos homens, que não passe por suas mãos virginais. Tal é a vontade de Deus, que tudo tenhamos por Maria e assim será enriquecida, elevada e honrada pelo Altíssimo, aquela que, em toda a vida, quis ser pobre, humilde e escondida até ao nada. Eis a opinião da Igreja e dos Santos Padres[3].

26. Se eu me dirigisse aos espíritos fortes desta época, tudo isso, que digo simplesmente, poderia prová-lo pela Sagrada Escritura, pelos Santos Padres, citando longas passagens em latim e aduzindo os mais fortes argumentos, que o Padre Poiré deduz e desenvolve em sua "Tríplice coroa da Santíssima Virgem". Falo, porém, aos pobres e aos simples que, por serem de boa vontade e terem mais fé que a maior parte dos sábios, creem com mais simplicidade e mérito, e, portanto, contento-me de lhes dizer simplesmente a verdade, sem me preocupar em citar todos os textos latinos, embora mencione alguns, mas sem os rebuscar muito. Continuemos.

---

3. Cf., entre outros, São Bernardo e São Bernardino de Sena, que São Luís Maria cita mais adiante (141-142).

pai, ainda que disto se gloriem, pois não têm Maria por mãe. Se eles a tivessem por Mãe, haviam de amá-la e honrá-la, como um bom e verdadeiro filho ama e honra naturalmente sua mãe que lhe deu a vida.

O sinal mais infalível e indubitável para distinguir um herege, um cismático, um réprobo, de um predestinado, é que o herege e o réprobo ostentam desprezo e indiferença pela Santíssima Virgem[8] e buscam, por suas palavras e exemplos, abertamente ou às escondidas, às vezes sob belos pretextos, diminuir e amesquinhar o culto e o amor à Maria. Ah! Não foi nestes que Deus Pai disse a Maria que fizesse sua morada, pois são filhos de Esaú.

31. O desejo de Deus Filho é formar-se e, por assim dizer, encarnar-se todos os dias, por meio de sua Mãe, em seus membros. Ele lhe diz: *"In Israel hereditare* – Possui tua herança em Israel" (Eclo 24,13), como se dissesse: Deus, meu Pai, deu-me por herança todas as nações da terra, todos os homens bons e maus, predestinados e réprobos. Eu os conduzirei, uns com a vara de ouro, outros com a vara de ferro; serei o pai e advogado de uns, o justo vingador para outros, o juiz de todos; mas vós, minha querida Mãe, só tereis por herança e possessão os predestinados, figurados por Israel. Como sua boa mãe vós lhes dareis a vida, os nutrireis, educareis; e, como sua soberana, os conduzireis, governareis e defendereis.

32. "Um grande número de homens nasceu nela", diz o Espírito Santo: *Homo et homo natus est in ea.* Conforme a explicação de alguns Santos Padres o primeiro homem nascido em Maria é o

---

8. "Quicumque vult salvus esse, ante omnia opus est ut teneat de Maria firmam fidem" (SÃO BOAVENTURA. *Psalter, maius B.V.*, Symbol., instar Symboli Athanasii).

homem-Deus, Jesus Cristo; o segundo é um homem puro, filho de Deus e de Maria por adoção. Se Jesus Cristo, o chefe dos homens, nasceu nela, os predestinados, que são os membros deste chefe, devem também nascer nela, por uma consequência necessária. Não há mãe que dê à luz a cabeça sem os membros ou os membros sem a cabeça: seria uma monstruosidade da natureza. Do mesmo modo, na ordem da graça, a cabeça e os membros nascem da mesma mãe, e, se um membro do corpo místico de Jesus Cristo, isto é, um predestinado, nascesse de outra mãe que Maria, que produziu a cabeça, não seria um predestinado, nem membro de Jesus Cristo, e sim um monstro na ordem da graça.

33. Além disso, pois que Jesus é agora, mais do que nunca, o fruto de Maria, como lhe repetem mil e mil vezes diariamente o céu e a terra: "[...] e bendito é o fruto do vosso ventre", é certo que Jesus Cristo, para cada homem em particular, que o possui, é tão verdadeiramente o fruto e obra de Maria como para todo o mundo em geral. Deste modo, se qualquer fiel tem Jesus Cristo formado em seu coração, pode atrever-se a dizer: "Mil graças a Maria! este Jesus que eu possuo é, com efeito, seu fruto, e sem ela eu jamais o teria". Pode-se ainda aplicar-lhe, com mais propriedade que São Paulo aplica a si próprio, as palavras: "*Quos iterum parturio, donec formetur Christus in vobis*" (Gl 4,19): Dou à luz todos os dias os filhos de Deus, até que Jesus Cristo seja neles formado em toda a plenitude de sua idade. Santo Agostinho, sobrepujando a si mesmo, e tudo o que acabo de dizer, confirma que todos os predestinados, para serem conformes à imagem do Filho de Deus, são, neste mundo, ocultos no seio da Santíssima Virgem, e aí guardados, alimentados, mantidos e engrandecidos por esta boa Mãe, até que ela os dê à glória, depois da morte, que é propriamente o dia de seu nascimento, como qualifica a Igreja a morte dos justos.

38. Maria é a Rainha do céu e da terra, pela graça, como Jesus é o Rei por natureza e conquista. Ora, como o reino de Jesus Cristo compreende principalmente o coração ou o interior do homem, conforme a palavra: "O reino de Deus está no meio de vós" (Lc 17,21), o reino da Santíssima Virgem está principalmente no interior do homem, isto é, em sua alma, e é principalmente nas almas que ela é mais glorificada com seu Filho, do que em todas as criaturas visíveis, e podemos chamá-la com os santos a *Rainha dos corações*.

SEGUNDA CONSEQUÊNCIA. – Maria é necessária aos homens para chegarem ao seu último fim

39. Em segundo lugar, é preciso concluir que a Santíssima Virgem, sendo necessária a Deus, duma necessidade chamada hipotética, devido à sua vontade, é muito mais necessária aos homens para chegarem a seu último fim. Não se confunda, portanto, a devoção à Santíssima Virgem com a devoção aos outros santos, como se não fosse mais necessária que a destes, e apenas de superrogação.

§ I. A devoção à santa Virgem é necessária a todos os homens para conseguirem a salvação.

40. O douto e piedoso Suárez, da Companhia de Jesus, o sábio e devoto Justo Lípsio, doutor da universidade de Lovaina, e muitos outros, provaram incontestavelmente, apoiados na opinião dos Santos Padres, entre outros, Santo Agostinho, Santo Efrém, diácono de Edessa, São Cirilo de Jerusalém, São Germano de Constantinopla, São João de Damasco, Santo Anselmo, São Bernardo, São Bernardino, Santo Tomás e São Boaventura, que a devoção à Santíssima Virgem é necessária à salvação, e que é um sinal infalível de condenação – opinião do próprio Ecolampádio e vários outros hereges, – não ter estima e amor à Santíssima Virgem. Ao contrário, é indício certo de predestinação ser-lhe inteira e verdadeiramente devotado[1].

41. As figuras e palavras do Antigo e do Novo Testamento o provam; a opinião e os exemplos dos santos o confirmam; a razão e a experiência o ensinam e demonstram; o próprio demônio e seus asseclas, premidos pela força da verdade, viram-se muitas vezes constrangidos a confessá-lo a seu pesar. De todas as passagens dos Santos Padres e doutores, que compilei para provar esta verdade, cito apenas uma, para não me alongar: "*Tibi devotum esse, est arma quaedam salutis quae Deus his dat quos vult salvos fieri...*" (São João Damasceno) – Ser vosso devoto, ó Virgem Santíssima, é uma arma de salvação que Deus dá, àqueles que quer salvar.

42. Eu poderia repetir aqui várias histórias que provam o que afirmo. Entre outras, primeiro, aquela que vem narrada nas crônicas de São Francisco, em que se conta que o santo viu, em êxtase, uma escada enorme, em cujo topo, apoiado no céu, avultava a Santíssima Virgem. E o santo compreendeu que aquela escada ele devia subir para chegar ao céu; segundo, a outra, narrada nas crônicas de São Domingos: Quando o santo pregava o rosário nas proximidades de Carcassona, quinze mil demônios, que possuíam a alma de um infeliz herege, foram obrigados, por ordem da Santíssima Virgem, a confessar muitas verdades grandes e consoladoras, referentes à devoção a Maria. E eles, para própria confusão, o fizeram com tanto ardor e clareza que não se pode ler essa autêntica

---

1. A verdadeira devoção à Santíssima Virgem consiste em se lhe devotar e entregar. O culto de *dulia* é a dependência, a servidão (S. TH. *Sum. Theol.* 2-2, q. 103, a. 3, in fine corp.); o culto de *hiperdulia* consiste numa dependência mais perfeita à Santíssima Virgem, ou, em outras palavras, na escravidão preconizada por São Luís Maria Montfort.

narração e o panegírico, que o demônio, embora a contragosto, fez da devoção mariana, sem derramar lágrimas de alegria, ainda que pouco devoto se seja da Santíssima Virgem.

§ II. A devoção à Santíssima Virgem é mais necessária ainda àqueles chamados a uma perfeição particular.

43. Se a devoção à Virgem Santíssima é necessária a todos os homens para conseguirem simplesmente a salvação, é ainda mais para aqueles que são chamados a uma perfeição particular; nem creio que uma pessoa possa adquirir uma união íntima com Nosso Senhor e uma perfeita fidelidade ao Espírito Santo, sem uma grande união com a Santíssima Virgem e uma grande dependência de seu socorro.

44. Só Maria achou graça diante de Deus (Lc 1,30) sem auxílio de qualquer outra criatura. E todos, depois dela, que acharam graça diante de Deus, acharam-na por intermédio dela e é só por ela que acharão graça os que ainda virão[1]. Maria era cheia de graça quando o arcanjo Gabriel a saudou (Lc 1,28) e a graça superabundou quando o Espírito Santo a cobriu com sua sombra inefável (Lc 1,35). E de tal modo ela aumentou essa dupla plenitude, de dia a dia, de momento a momento, que chegou a um ponto imenso e inconcebível de graça, de sorte que o Altíssimo a fez tesoureira de todos os seus bens, dispensadora de suas graças, para enobrecer, elevar e enriquecer a quem ela quiser, para fazer entrar quem ela quiser no caminho estreito do céu, para deixar passar, apesar de tudo, quem ela quiser pela porta estreita da vida eterna, e para dar o trono, o cetro, e a coroa de rei a quem ela

---

1. "Necesse est ut qui vult a Deo gratiam impetrare, ad hanc mediatricem accedat devotissimo corde" (SÃO BOAVENTURA. *Sermo in B.V.M.*). Cf. tb. SÃO BERNARDO. *De aquaeductu*, n. 7.

quiser. Jesus é em toda parte e sempre o fruto e o Filho de Maria; e Maria é em toda parte a verdadeira árvore que dá o fruto da vida, e a verdadeira mãe que o produz².

45. À Maria somente Deus confiou as chaves dos celeiros do divino amor, e o poder de entrar nas vias mais sublimes e mais secretas da perfeição, e de nesses caminhos fazer entrar os outros. Só Maria dá aos miseráveis filhos de Eva infiel a entrada no paraíso terrestre, para aí espairecerem agradavelmente com Deus, para aí, com segurança, se ocultarem de seus inimigos, para aí, sem mais receio da morte, se alimentarem deliciosamente do fruto das árvores da vida e da ciência do bem e do mal, e para sorverem longamente as águas celestes desta bela fonte que jorra com tanta abundância; ou, melhor, como ela mesma é esse paraíso terrestre ou essa terra virgem e abençoada, da qual Adão e Eva, pecadores, foram expulsos, ela só dá entrada àqueles, que lhe apraz deixar entrar, e para torná-los santos.

46. Todos os ricos do povo, para me servir da expressão do Espírito Santo (S1 44,13), suplicarão, conforme a explicação de São Bernardo, vossa face em todos os séculos, e particularmente no fim do mundo; isto é, os mais santos, as almas mais ricas em graça e em virtudes serão as mais assíduas em rogar à Santíssima Virgem que lhes esteja sempre presente, como seu perfeito modelo a imitar, e que as socorra com seu auxílio poderoso.

47. Disse que isto aconteceria particularmente no fim do mundo e em breve, porque o Altíssimo e sua santa Mãe devem suscitar grandes santos, de uma santidade tal que sobrepujarão a maior parte dos santos, como os cedros do Líbano se avantajam às pequenas árvores em redor, segundo revelação feita a uma santa alma.

---

2. Cf. acima, n. 33.

48. Estas grandes almas, cheias de graça e de zelo, serão escolhidas em contraposição aos inimigos de Deus a borbulhar em todos os cantos, e elas serão especialmente devotas da Santíssima Virgem, esclarecidas por sua luz, alimentadas de seu leite, conduzidas por seu espírito, sustentadas por seu braço e guardadas sob sua proteção, de tal modo que combaterão com uma das mãos e edificarão com a outra (cf. Ne 4,17). Com a direita combaterão, derrubarão, esmagarão os hereges com suas heresias, os cismáticos com seus cismas, os idólatras com suas idolatrias, e os ímpios com suas impiedades; e com a esquerda edificarão o templo do verdadeiro Salomão e a cidade mística de Deus, isto é, a Santíssima Virgem que os Santos Padres chamam "o templo de Salomão"[3] e "a cidade de Deus"[4]. Por suas palavras e por seu exemplo, arrastarão todo o mundo à verdadeira devoção e isto lhes há de atrair inimigos sem conta, mas também vitórias inumeráveis e glória para o único Deus. É o que Deus revelou a São Vicente Ferrer, grande apóstolo de seu século, e que se encontra assinalado em uma de suas obras.

O mesmo parece ter predito o Salmo 58(14,15), em que se lê: "*Et scient quia Deus dominabitur Jacob et finium terrae; convertentur ad vesperam, et famem patientur ut canes, et circuibunt civitatem* – E saberão que Deus reinará sobre Jacob, e até aos confins da terra; voltarão à tarde, e padecerão fome como cães, e rodearão a cidade, em busca do que comer". Esta cidade que os homens encontrarão no fim do mundo para se converterem e saciarem a sua fome de justiça, é a Santíssima Virgem, que o Espírito Santo denomina "cidade de Deus" (Sl 86,3).

---

3. "Templum Salomonis". Idiota, De B.V., p. XVI, contemplação 7.
4. "Civitas Dei" (SANTO AGOSTINHO. *Enarrat in Ps. 142*, n. 3).

§ III. A devoção à Santíssima Virgem será especialmente necessária nesses últimos tempos.

1. Papel especial de Maria nos últimos tempos

49. Por meio de Maria começou a salvação do mundo e é por Maria que deve ser consumada. Na primeira vinda de Jesus Cristo, Maria quase não apareceu, para que os homens, ainda insuficientemente instruídos e esclarecidos sobre a pessoa de seu Filho, não se lhe apegassem demais e grosseiramente, afastando-se, assim, da verdade. E isto teria aparentemente acontecido devido aos encantos admiráveis com que o próprio Deus lhe havia ornado a aparência exterior. São Dionísio o Areopagita o confirma numa página que nos deixou⁵ e em que diz que, quando a viu, tê-la-ia tomado por uma divindade, tal o encanto que emanava de sua pessoa de beleza incomparável, se a fé, em que estava bem confirmado, não lhe ensinasse o contrário. Mas, na segunda vinda de Jesus Cristo, Maria deverá ser conhecida e revelada pelo Espírito Santo, a fim de que por ela seja Jesus Cristo conhecido, amado e servido, pois já não subsistem as razões que levaram o Espírito Santo a ocultar sua esposa durante a vida e a revelá-la só pouco depois da pregação do Evangelho.

50. Deus quer, portanto, nesses últimos tempos, revelar-nos e manifestar Maria, a obra-prima de suas mãos:

1º) Porque ela se ocultou neste mundo, e, por sua humildade profunda, colocou-se abaixo do pó, obtendo de Deus, dos apóstolos e evangelistas não ser quase mencionada.

---

5. "Testor qui aderat in Virgine Deum, si tua doctrina non me docuisset, hanc verum Deum esse credidissem" (*Ep. ad Paulum*).

2º) Porque, sendo a obra-prima das mãos de Deus, tanto aqui em baixo, pela graça, como no céu, pela glória, Ele quer que, por ela, os viventes o louvem e glorifiquem sobre a terra.

3º) Visto ser ela a aurora que precede e anuncia o Sol da justiça, Jesus Cristo, deve ser conhecida e notada para que Jesus Cristo o seja.

4º) Pois que é a via pela qual Jesus Cristo nos veio a primeira vez, ela o será ainda na segunda vinda, embora de modo diferente.

5º) Pois que é o meio seguro e o caminho reto e imaculado para se ir a Jesus Cristo e encontrá-lo plenamente, é por ela que as almas, chamadas a brilhar em santidade, devem encontrá-lo. Quem encontrar Maria encontrará a vida (cf. Pr 8,35), isto é, Jesus Cristo, que é o caminho, a verdade e a vida (Jo 14,6). Mas não pode encontrar Maria quem não a procura; não pode buscá-la quem não a conhece, e ninguém procura nem deseja o que não conhece. É preciso, portanto, que Maria seja, mais do que nunca, conhecida, para maior conhecimento e maior glória da Santíssima Trindade.

6º) Nesses últimos tempos, Maria deve brilhar, como jamais brilhou, em misericórdia, em força e graça. Em misericórdia para reconduzir e receber amorosamente os pobres pecadores e desviados que se converterão e voltarão ao seio da Igreja Católica; em força contra os inimigos de Deus, os idólatras, cismáticos, maometanos, judeus e ímpios empedernidos, que se revoltarão terrivelmente para seduzir e fazer cair, com promessas e ameaças, todos os que lhes forem contrários. Deve, enfim, resplandecer em graça, para animar e sustentar os valentes soldados e fiéis de Jesus Cristo que pugnarão por seus interesses.

7º) Maria deve ser, enfim, terrível para o demônio e seus sequazes como um exército em linha de batalha, principalmente nesses últimos tempos, pois o demônio, sabendo bem que pouco tempo lhe resta para perder as almas, redobra cada dia seus esforços e ataques. Suscitará, em breve, perseguições cruéis e terríveis emboscadas aos servidores fiéis e aos verdadeiros filhos de Maria, que mais trabalho lhe dão para vencer.

51. É principalmente a estas últimas e cruéis perseguições do demônio, que se multiplicarão todos os dias até ao reino do Anti--cristo, que se refere aquela primeira e célebre predição e maldição que Deus lançou contra a serpente no paraíso terrestre. Vem a propósito explicá-la aqui, para glória da Santíssima Virgem, salvação de seus filhos e confusão do demônio.

"*Inimicitias ponam inter te et mulierem, et semen tuum et semen illius; ipsa conteret caput tuum, et tu insidiaberis calcaneo eius*" (Gn 3,15): Porei inimizades entre ti e a mulher, e entre a tua posteridade e a posteridade dela. Ela te pisará a cabeça, e tu armarás traições ao seu calcanhar.

52. Uma única inimizade Deus promoveu e estabeleceu, inimizade irreconciliável, que não só há de durar, mas aumentar até ao fim: a inimizade entre Maria, sua digna Mãe, e o demônio; entre os filhos e servos da Santíssima Virgem e os filhos e sequazes de Lúcifer; de modo que Maria é a mais terrível inimiga que Deus armou contra o demônio. Ele lhe deu até, desde o paraíso, tanto ódio a esse amaldiçoado inimigo de Deus, tanta clarividência para descobrir a malícia dessa velha serpente, tanta força para vencer, esmagar e aniquilar esse ímpio orgulhoso, que o temor que Maria inspira ao demônio é maior que o que lhe inspiram todos os anjos e homens e, em certo sentido, o próprio Deus. Não que a ira, o ódio, o poder de Deus não sejam infinitamente maiores que os da Santíssima Virgem, pois as perfeições de Maria são limitadas, mas, em primeiro lugar,

Satanás, porque é orgulhoso, sofre incomparavelmente mais, por ser vencido e punido pela pequena e humilde escrava de Deus, cuja humildade o humilha mais que o poder divino; segundo, porque Deus concedeu a Maria tão grande poder sobre os demônios, que, como muitas vezes se viram obrigados a confessar, pela boca dos possessos, infunde-lhes mais temor um só de seus suspiros por uma alma, que as orações de todos os santos; e uma só de suas ameaças que todos os outros tormentos.

53. O que Lúcifer perdeu por orgulho, Maria ganhou por humildade. O que Eva condenou e perdeu pela desobediência, salvou-o Maria pela obediência. Eva, obedecendo à serpente, perdeu consigo todos os seus filhos e os entregou ao poder infernal; Maria, por sua perfeita fidelidade a Deus, salvou consigo todos os seus filhos e servos e os consagrou a Deus.

54. Deus não pôs somente *inimizade*, mas *inimizades*, e não somente entre Maria e o demônio, mas também entre a posteridade da Santíssima Virgem e a posteridade do demônio. Quer dizer, Deus estabeleceu inimizades, antipatias e ódios secretos entre os verdadeiros filhos e servos da Santíssima Virgem e os filhos e escravos do demônio. Não há entre eles a menor sombra de amor, nem correspondência íntima existe entre uns e outros. Os filhos de Belial, os escravos de Satã, os amigos do mundo (pois é a mesma coisa) sempre perseguiram até hoje e perseguirão no futuro aqueles que pertencem à Santíssima Virgem, como outrora Caim perseguiu seu irmão Abel, e Esaú, seu irmão Jacob, figurando os réprobos e os predestinados. Mas a humilde Maria será sempre vitoriosa na luta contra esse orgulhoso, e tão grande será a vitória final que ela chegará ao ponto de esmagar-lhe a cabeça, sede de todo o orgulho. Ela descobrirá sempre sua malícia de serpente, desvendará suas tramas infernais, desfará seus conselhos diabólicos, e até ao fim dos tempos garantirá seus fiéis servidores contra as garras de tão cruel inimigo.

Mas o poder de Maria sobre todos os demônios há de patentear-se com mais intensidade, nos últimos tempos, quando Satanás começar a armar insídias ao seu calcanhar, isto é, aos seus humildes servos, aos seus pobres filhos, os quais ela suscitará para combater o príncipe das trevas. Eles serão pequenos e pobres aos olhos do mundo, e rebaixados diante de todos como o calcanhar, calcados e perseguidos como o calcanhar em comparação com os outros membros do corpo. Mas, em troca, eles serão ricos em graças de Deus, graças que Maria lhes distribuirá abundantemente. Serão grandes e notáveis em santidade diante de Deus, superiores a toda criatura, por seu zelo ativo, e tão fortemente amparados pelo poder divino, que, com a humildade de seu calcanhar e em união com Maria, esmagarão a cabeça do demônio e promoverão o triunfo de Jesus Cristo.

2. Os apóstolos dos últimos tempos

55. Deus quer, finalmente, que sua Mãe Santíssima seja agora mais conhecida, mais amada, mais honrada, como jamais o foi. E isto acontecerá, sem dúvida, se os predestinados puserem em uso, com o auxílio do Espírito Santo, a prática interior e perfeita que lhes indico a seguir. E, se a observarem com fidelidade, verão, então, claramente, quando lho permite a fé, esta bela estrela do mar, e chegarão a bom porto, tendo vencido as tempestades e os piratas. Conhecerão as grandezas desta soberana e se consagrarão inteiramente a seu serviço, como súditos e escravos de amor. Experimentarão suas doçuras e bondades maternais e amá-la-ão ternamente como seus filhos estremecidos. Conhecerão as misericórdias de que ela é cheia e a necessidade que têm de seu auxílio, e hão de recorrer a ela em todas as circunstâncias como à sua querida advogada e medianeira junto de Jesus Cristo. Reconhecerão que ela é o meio mais seguro, mais fácil, mais rápido e mais perfeito de chegar a Jesus Cristo, e se lhe entregarão de corpo e alma, sem restrições, para assim também pertencerem a Jesus Cristo.

56. Mas quem serão esses servidores, esses escravos e filhos de Maria? Serão ministros do Senhor ardendo em chamas abrasadoras, que lançarão por toda parte o fogo do divino amor.

Serão "*sicut sagittae in manu potentis*" (S1 126,4) – flechas agudas nas mãos de Maria todo-poderosa, pronta a traspassar seus inimigos.

Serão filhos de Levi, bem purificados no fogo das grandes tribulações, "e bem colados a Deus[1], que levarão o ouro do amor no coração, o incenso da oração no espírito, e a mirra da mortificação no corpo e que serão em toda parte para os pobres e os pequenos o bom odor de Jesus Cristo, e para os grandes, os ricos e os orgulhosos do mundo, um odor repugnante de morte.

57. Serão nuvens trovejantes esvoaçando pelo ar ao menor sopro do Espírito Santo, que, sem apegar-se a coisa alguma nem se admirar de nada, nem se preocupar, derramarão a chuva da palavra de Deus e da vida eterna. Trovejarão contra o pecado, e lançarão brados contra o mundo, fustigarão o demônio e seus asseclas, e, para a vida ou para a morte, traspassarão lado a lado, com a espada de dois gumes da palavra de Deus (cf. Ef 6,17), todos aqueles a quem forem enviados da parte do Altíssimo.

58. Serão verdadeiros apóstolos dos últimos tempos, e o Senhor das virtudes lhes dará a palavra e a força para fazer maravilhas e alcançar vitórias gloriosas sobre seus inimigos; dormirão sem ouro nem prata, e, o que é melhor, sem preocupações, no meio dos outros padres, eclesiásticos e clérigos, "*inter medios cleros*"

---

1. Tradução enérgica da palavra de São Paulo (1Cor 6,17): "*Qui adhaeret Domino*".

(Sl 67,14) e, no entanto, possuirão as asas prateadas da pomba, para voar, com a pura intenção da glória de Deus e da salvação das almas, aonde os chamar o Espírito Santo, deixando após si, nos lugares em que pregarem, o ouro da caridade que é o cumprimento da lei (Rm 13,10).

59. Sabemos, enfim, que serão verdadeiros discípulos de Jesus Cristo, andando nas pegadas de sua pobreza e humildade, do desprezo do mundo e caridade, ensinando o caminho estreito de Deus na pura verdade, conforme o santo Evangelho, e não pelas máximas do mundo, sem se preocupar nem fazer acepção de pessoa alguma, sem poupar, escutar ou temer nenhum mortal, por poderoso que seja. Terão na boca a espada de dois gumes da palavra de Deus; em seus ombros ostentarão o estandarte ensanguentado da cruz, na direita, o crucifixo, na esquerda o rosário, no coração os nomes sagrados de Jesus e de Maria, e, em toda a sua conduta, a modéstia e a mortificação de Jesus Cristo.

Eis os grandes homens que hão de vir, suscitados por Maria, em obediência às ordens do Altíssimo, para que o seu império se estenda sobre o império dos ímpios, dos idólatras e dos maometanos. Quando e como acontecerá?... Só Deus o sabe!... Quanto a nós, cumpre calar-nos, orar, suspirar e esperar: *Expectans exspectavi* (Sl 39,2).

Capítulo II

Verdades fundamentais da devoção à Santíssima Virgem

60. Até aqui dissemos alguma coisa sobre a necessidade que temos da devoção à Santíssima Virgem. Com o auxílio de Deus, direi agora em que consiste esta devoção, expondo, porém, antes, algumas verdades fundamentais, que esclarecerão esta grande e sólida devoção que quero manifestar.

ARTIGO I
Jesus Cristo é o fim último da devoção à Santíssima Virgem

61. *Primeira verdade*, – Jesus Cristo, nosso Salvador, verdadeiro Deus e verdadeiro homem, deve ser o fim último de todas as nossas devoções; de outro modo, elas serão falsas e enganosas. Jesus Cristo é o alfa e o ômega[1], o princípio e o fim de todas as coisas. Nós só trabalhamos, como diz o apóstolo, para tornar todo homem perfeito em Jesus Cristo, pois é em Jesus Cristo que habita toda a plenitude da Divindade e todas as outras plenitudes de graças, de virtudes, de perfeições; porque nele somente fomos abençoados de toda a bênção espiritual; porque é nosso único mestre que deve ensinar-nos, nosso único Senhor de quem devemos depender, nosso único chefe ao qual devemos estar unidos, nosso único modelo, com o qual devemos conformar-nos, nosso único médico que nos há de curar, nosso único pastor que nos há de alimentar, nosso único caminho que devemos trilhar, nossa única verdade que devemos crer, nossa única vida que nos há de vivificar, e nosso tudo em todas as coisas, que deve nos bastar. Abaixo do céu nenhum outro nome foi dado aos homens, pelo qual devamos ser salvos. Deus não nos deu outro fundamento para nossa salvação, nossa perfeição e nossa glória, senão Jesus Cristo. Todo edifício cuja base não assentar sobre esta pedra firme, estará construído sobre areia movediça, e ruirá fatalmente, mais cedo ou mais tarde. Todo fiel que não está unido a ele, como um galho ao tronco da videira, cairá e secará, e será por fim atirado ao fogo. Fora dele tudo é ilusão, mentira, iniquidade, inutilidade, morte e danação.

---

1. As páginas eloquentes que seguem são tiradas quase exclusivamente da Sagrada Escritura. Cf., por exemplo, Ap 1,8; Cl 2,9; Mt 23,8.10; Jo 13,13; 1Cor 8,6; Cl 1,18; Jo 13,15; 10,16; 14.6; At 9,12; 1Cor 3,11; Mt 7,26-27; Jo 15,6; Rm 8,38-39; etc.

Se estamos, porém, em Jesus Cristo e Jesus Cristo em nós, não temos danação a temer; nem os anjos do céu, nem os homens da terra, nem criatura alguma nos pode embaraçar, pois não pode separar-nos da caridade de Deus que está em Jesus Cristo. Por Jesus Cristo, com Jesus Cristo, em Jesus Cristo, podemos tudo: render toda a honra e glória ao Pai, em unidade do Espírito Santo e tornar-nos perfeitos e ser para nosso próximo um bom odor de vida eterna.

62. Se estabelecermos, portanto, a sólida devoção à Santíssima Virgem, teremos contribuído para estabelecer com mais perfeição a devoção a Jesus Cristo, teremos proporcionado um meio fácil e seguro de achar Jesus Cristo. Se a devoção à Santíssima Virgem nos afastasse de Jesus Cristo, seria preciso rejeitá-la como uma ilusão do demônio. Mas é tão o contrário, que, como já fiz ver e farei ver, ainda, nas páginas seguintes, esta devoção só nos é necessária para encontrar Jesus Cristo, amá-lo terna e fielmente servi-lo.

63. Volto-me, aqui, um momento, para Vós, ó Jesus, a fim de queixar-me amorosamente à vossa divina majestade, de que a maior parte dos cristãos, mesmo os mais instruídos, desconhecem a ligação imprescindível que existe entre Vós e vossa Mãe Santíssima. Vós, Senhor, estais sempre com Maria, e Maria sempre convosco, nem pode estar sem Vós; doutro modo, ela deixaria de ser o que é; e de tal maneira está ela transformada em Vós pela graça, que já não vive, já não existe; sois Vós, meu Jesus, que viveis e reinais nela, mais perfeitamente que em todos os anjos e bem-aventurados. Ah! se conhecêssemos a glória e o amor que recebeis nesta admirável criatura, bem diferentes seriam os nossos sentimentos a respeito de Vós e dela. Maria está tão intimamente unida a Vós que mais fácil seria separar do sol a luz, e do fogo o calor; digo mais: com mais facilidade se separariam de Vós os anjos e os santos que a divina Mãe, pois que ela vos ama com mais ardor e vos glorifica com mais perfeição que todas as vossas outras criaturas juntas.

64. Depois disto, meu amável Mestre, não é triste e lamentável ver a ignorância e as trevas em que jazem todos os homens na terra, a respeito de vossa Mãe Santíssima? Não falo dos idólatras e pagãos, que, não vos conhecendo, também não se importam de conhecê-la; nem falo dos hereges e cismáticos, que não têm a peito ser devotos de vossa Mãe Santíssima, pois estão separados de Vós e de vossa santa Igreja; falo, porém, dos cristãos católicos, e mesmo de doutores entre os católicos[2] que exercem a profissão de ensinar aos outros a verdade, e, no entanto, não vos conhecem nem a vossa Mãe Santíssima, a não ser de um modo especulativo, seco, estéril e indiferente. Estes senhores raras vezes falam de Maria e da devoção que se lhe deve ter, porque, dizem, receiam que se abuse dessa devoção e que se vos ofenda, honrando excessivamente vossa Mãe Santíssima. Se veem ou ouvem algum devoto da Santíssima Virgem falar muitas vezes, dum modo terno, forte e persuasivo, da devoção a esta boa Mãe, como de um meio seguro e sem ilusão, dum caminho curto e sem perigo, duma via imaculada e sem imperfeição, e dum segredo maravilhoso para chegar a Vós e vos amar perfeitamente, clamam contra ele, e lhe apresentam mil razões falsas, para provar-lhe que não é necessário falar tanto a respeito da Santíssima Virgem, que há muito abuso nessa devoção, que é preciso empenhar-se em destruir, e aplicar-se em falar sobre Vós em vez de favorecer a devoção à Virgem Maria, a quem o povo já ama suficientemente.

---

2. São Luís Maria escrevia numa época em que o jansenismo, adversário da devoção à Santíssima Virgem (cf. n. 93), contava adeptos entre homens de nomeada.

Às vezes metem-se a falar da devoção à vossa Mãe Santíssima, não, porém, para assentá-la e propagá-la, e sim para destruir os abusos que dela se fazem. Estes senhores são, no entanto, desprovidos de piedade, e não têm por Vós sincera devoção, pois que não a têm a Maria. Consideram o rosário, o escapulário, o terço, como devoções de mulheres, próprias de ignorantes, sem as quais se pode obter muito bem a salvação. E se lhes cai nas mãos algum devoto da Virgem Santíssima, que recita o seu terço ou pratica qualquer outra devoção mariana, mudam-lhe em pouco tempo o espírito e o coração: em lugar do terço lhe aconselham recitar os sete salmos; em vez da devoção à Santíssima Virgem aconselham a devoção a Jesus Cristo.

Ó meu amável Jesus, terá essa gente o vosso espírito? Será possível que vos agradem, agindo desse modo? Poderá alguém agradar-vos sem fazer todos os esforços para agradar a Maria, por medo de vos desagradar? A devoção à vossa Mãe impede a vossa? Atribuir-se-á a ela as honras que lhe damos? Formará ela um partido diverso do vosso? É ela, acaso, uma estrangeira sem a menor ligação convosco? É desagradar-vos querer agradar-lhe? Separamo-nos, talvez, ou nos afastamos de vosso amor, se nos damos a ela e a amamos?

65. Entretanto, meu amável Mestre, a maior parte dos sábios, em castigo de seu orgulho, não se afastariam mais da devoção à Santíssima Virgem, nem a olhariam com mais indiferença, se tudo o que acabo de dizer fosse verdade. Guardai-me, Senhor, guardai-me de seus sentimentos e de suas práticas, e dai-me uma parte dos sentimentos de reconhecimento, de estima, de respeito e de amor, que tendes para com vossa Mãe Santíssima, a fim de que eu vos ame e glorifique, na medida em que vos imitar e mais de perto vos seguir.

66. Concedei-me a graça de louvar dignamente vossa Mãe Santíssima, como se nada fosse o que, até aqui, disse em sua honra.

"*Fac me digne tuam Matrem collaudare*", a despeito de todos os seus inimigos, que são os vossos, e que eu lhes repita com os santos: "*Non praesumat aliquis Deum se habere propitium qui benedictam Matrem offensam habuerit*. – Não presuma receber a graça de Deus, quem ofende sua Mãe Santíssima".

67. E, para alcançar de vossa misericórdia uma verdadeira devoção a vossa Mãe Santíssima, e inspirá-la a toda a terra, fazei que eu vos ame ardentemente, e recebei para este fim a súplica ardente que vos dirijo com Santo Agostinho[3] e vossos verdadeiros amigos:

Tu es Christus, pater meus sanctus, Deus meus pius, rex meus magnus, pastor meus bonus, magister meus unus, adiutor meus optimus, dilectus meus pulcherrimus, panis meus vivus, sacerdos meus in aeternum, dux meus ad patriam, lux mea vera, dulcedo mea sancta, via mea recta, sapientia mea praeclara, simplicitas mea pura, concordia mea pacifica, custodia mea tota, portio mea bona, salus mea sempiterna... Christe Iesu, amabilis Domine, cur amavi, quare concupivi in omni vita mea quidquam praeter te Ie*sum Deum meum? Ubi eram quando tecum mente non eram? Iam ex hoc nunc, omnia desideria mea, incalescite et effluite in Dominum Iesum; currite, satis hactenus tardastis; properate quo pergitis; quaerite quem quaeritis. Iesu, qui non amat te, anathema sit; qui te non amat, amaritudinibus repleatur... O dulcis Iesu, te amet, in te delectetur, te admiretur omnis sensus bonus tuae conveniens laudi. Deus cordis mei et pars mea, Christe Iesu, deficiat cor meum spiritu suo, et vivas tu in me, et concalescat in spiritu meo vivus carbo amoris tui et excrescat in ignem perfectum; ardeat iugiter in ara cordis*

---

3. *Meditationum lib. I*, cap. XVIII, n. 2 (inter opera S. Augustini).

mei, ferveat in medullis meis, flagret in absconditis animae meae; in die consummationis meae consummatus inveniar apud te... Amen.

No sentido de satisfazer aos desejos dos fiéis que não compreendem o latim, damos aqui uma tradução desta oração:

"Vós sois, ó Jesus, o Cristo, meu Pai santo, meu Deus misericordioso, meu Rei infinitamente grande; sois meu bom pastor, meu único mestre, meu auxílio cheio de bondade, meu bem-amado de uma beleza maravilhosa, meu pão vivo, meu sacerdote eterno, meu guia para a pátria, minha verdadeira luz, minha santa doçura, meu reto caminho, sapiência minha preclara, minha pura simplicidade, minha paz e concórdia; sois, enfim, toda a minha salvaguarda, minha herança preciosa, minha eterna salvação...

Ó Jesus Cristo, amável Senhor, por que, em toda a minha vida, amei, por que desejei outra coisa senão Vós? Onde estava eu quando não pensava em Vós? Ah! que, pelo menos, a partir deste momento meu coração só deseje a Vós e por Vós se abrase, Senhor Jesus! Desejos de minha alma, correi, que já bastante tardastes; apressai-vos para o fim a que aspirais; procurai em verdade aquele que procurais.

Ó Jesus anátema seja quem não vos ama. Aquele que não vos ama seja repleto de amarguras. Ó doce Jesus, sede o amor, as delícias, a admiração de todo coração dignamente consagrado à vossa glória. Deus de meu coração e minha partilha, Jesus Cristo, que em Vós meu coração desfaleça, e sede Vós mesmo a minha vida. Acenda-se em minha alma a brasa ardente de vosso amor e se converta num incêndio todo divino, a arder para sempre no altar de meu coração; que inflame o íntimo do meu ser, e abrase o âmago de minha alma; para que no dia de minha morte eu apareça diante de Vós, inteiramente consumido em vosso amor... Amém".

Quis transcrever no original esta oração admirável de Santo Agostinho para que assim a possam recitar as pessoas que entendem latim. Recitemo-la todos os dias para pedir o amor de Jesus, que procuramos por intermédio da Santíssima Virgem.

ARTIGO II
Pertencemos a Jesus Cristo e a Maria na qualidade de escravos

68. *Segunda verdade.* – Do que Jesus é para nós, concluímos que não nos pertencemos, como diz o apóstolo (1Cor 6,19), e sim a Ele, inteiramente, como seus membros e seus escravos, comprados que fomos por um preço infinitamente caro, o preço de seu sangue. Antes do batismo o demônio nos possuía como escravos, e o batismo nos transformou em escravos de Jesus Cristo e só devemos viver, trabalhar e morrer para produzir frutos para o homem-Deus (Rm 7,4), glorificá-lo em nosso corpo e fazê-lo reinar em nossa alma, pois somos sua conquista, seu povo adquirido, sua herança. Pelo mesmo motivo o Espírito Santo nos compara[1]: 1º) a árvores plantadas ao longo das águas da graça, nos campos da Igreja, árvores que devem dar seus frutos no tempo adequado; 2º) aos galhos de uma videira de que Jesus Cristo é o tronco, e que devem produzir boas uvas; 3º) a um rebanho cujo pastor é Jesus, e esse rebanho deve multiplicar-se e dar leite; 4º) a uma boa terra de que Deus é o lavrador, e na qual a semente se multiplica, rendendo trinta, sessenta, cem vezes mais. Jesus amaldiçoou a figueira estéril (Mt 21,19) e declarou condenado o servo inútil que não fizera valer o seu talento (Mt 25,24-30). Tudo isso nos prova que Jesus Cristo quer receber alguns frutos de nossas mesquinhas pessoas: quer receber nossas boas obras, porque as boas obras lhe pertencem exclusivamente: *"Creati in operibus bonis in Christo Iesu* – Criados em Jesus Cristo para boas ações" (Ef 2,10). Essas palavras do Espírito Santo mostram que Jesus Cristo é o único fim de todas as nossas boas obras, e que devemos servi-lo não somente como servidores assalariados, mas como escravos de amor. Explico-me.

---
1. Cf. Sl 1,3; Jo 15,1; 10,11; Mt 13,3.8.

69. Há duas maneiras, aqui na terra, de alguém pertencer a outrem e de depender de sua autoridade. São a simples servidão e a escravidão, donde a diferença que estabelecemos entre servo e escravo.

Pela servidão, comum entre os cristãos, um homem se põe a serviço de outro por um certo tempo, recebendo determinada quantia ou recompensa.

Pela escravidão, um homem depende inteiramente de outro durante toda a vida, e deve servir a seu senhor, sem esperar salário nem recompensa alguma, como um dos animais sobre que o dono tem direito de vida e morte.

70. Há três espécies de escravidão[2]: por natureza, por constrangimento e por livre vontade. Por natureza, todas as criaturas são escravas de Deus: *"Domini est terra et plenitudo eius"* (Sl 23, 1). Os demônios e os réprobos são escravos por constrangimento; e os justos e os santos o são por livre e espontânea vontade. A escravidão voluntária é a mais perfeita, a mais gloriosa aos olhos de Deus, que olha o coração (1Rs 16,7), que pede o coração (Pr 23,26) e que é chamado o Deus do coração (Sl 72,26) ou da vontade amorosa, porque, por esta escravidão, escolhe-se, sobre todas as coisas, a Deus e seu serviço, ainda quando não o obriga a natureza.

71. A diferença entre um servo e um escravo é total:

1º) Um servo não dá a seu patrão tudo o que é, tudo o que possui ou pode adquirir por outrem ou por si mesmo; mas um escravo se dá integralmente a seu senhor, com tudo o que possui ou possa adquirir, sem nenhuma exceção.

2º) O servo exige salário pelos serviços que presta a seu patrão; o escravo, porém, nada pode exigir, seja qual for a assiduidade, a habilidade, a força que empregue no trabalho.

---

2. Cf. SANTO AGOSTINHO. "Expositio cantici Magnificat" (*circa medium*). • SANTO TOMÁS. *Summa Theol. 3*, q. 48, a. 4, corp. et resp. ad 1.

53

3º) O servo pode deixar o patrão quando quiser, ou ao menos quando expirar o tempo de serviço, mas o escravo não tem esse direito.

4º) O patrão não tem sobre o servo direito algum de vida e morte, de modo que, se o matasse como mata um de seus animais de carga, cometeria um homicídio; mas, pelas leis, o senhor tem sobre o escravo o poder de vida e morte[3] de modo que pode vendê-lo a quem o quiser, ou matá-lo, como, sem comparação, o faria a seu cavalo.

5º) O servo, enfim, só por algum tempo fica a serviço de um patrão, enquanto o escravo o é para sempre.

72. Só a escravidão, entre os homens, põe uma pessoa na posse e dependência completa de outra. Nada há, do mesmo modo, que mais absolutamente nos faça pertencer a Jesus Cristo e a sua Mãe Santíssima do que a escravidão voluntária, conforme o exemplo do próprio Jesus Cristo, que, por nosso amor, tomou a forma de escravo: "*Formam servi accipiens*" (Fl 2,7), e da Santíssima Virgem, que se declarou a escrava do Senhor (Lc 1,38). O apóstolo honra-se várias vezes em suas epístolas com o título de *servus Christi*[4]. A Sagrada Escritura chama muitas vezes os cristãos de *servi Christi*, e esta palavra *servus*, conforme a observação acertada de um grande homem[5], significava, outrora, apenas escravo, pois não existiam servos como os

---

3. A lei natural, a lei mosaica e as leis modernas não reconhecem tal direito, a não ser por um mandato especial do soberano Senhor da vida e da morte. O bem-aventurado se coloca aqui simplesmente do ponto de vista do fato, conforme as leis civis dos países em que vigorava a escravidão (Cf. *Secret de Marie*, p. 34). Abstraindo da moralidade do ato, seu fito é mostrar, por um exemplo, a total dependência de que fala.
4. Cf. Rm 1,1; Gl 1,10; Fl 1,1; Tt 1,1.
5. Henri-Marie Boudon, arcediago d'Evreux, em seu livro: *La sainte esclavage de l'admirable Mère de Dieu*, cap. II.

de hoje, e os ricos só eram servidos por escravos ou libertos. E para que não haja a menor dúvida de que somos escravos de Jesus Cristo, o Concílio de Trento usa a expressão inequívoca *mancipia Christi*, e no-la aplica: escravos de Jesus Cristo[6]. Isto posto:

73. Digo que devemos pertencer a Jesus Cristo e servi-lo, não só como servos mercenários, mas como escravos amorosos, que, por efeito de um grande amor, se dedicam a servi-lo como escravos, pela honra exclusiva de lhe pertencer. Antes do batismo, éramos escravos do demônio; o batismo nos fez escravos de Jesus Cristo. Importa, pois, que os cristãos sejam escravos ou do demônio ou de Jesus Cristo.

74. O que digo absolutamente de Jesus Cristo, digo-o também da Virgem Maria, pois Jesus Cristo, escolhendo-a para sua companheira inseparável na vida, na morte, na glória, em seu poder no céu e na terra, deu-lhe pela graça, relativamente à sua majestade, os mesmos direitos e privilégios que Ele possui por natureza. "*Quid-quid Deo convenit per naturam, Mariae convenit per gratiam...* – Tudo que convém a Deus pela natureza, convém a Maria pela graça", dizem os santos. Assim, conforme este ensinamento, pois que ambos têm a mesma vontade e o mesmo poder, têm também os mesmos súditos, servos e escravos[7].

75. Podemos, portanto, seguindo a opinião dos santos e de muitos doutos, dizer-nos e fazer-nos escravos da Santíssima Virgem, para deste modo nos tornarmos mais perfeitamente escravos de Jesus Cristo[8]. A Santíssima Virgem é o meio de que Nosso Senhor se serviu para vir a nós; e é o meio de que nos devemos servir

---

6. Catec. Rom., parte I, cap. 3: De secundo Symboli articulo (in fine).
7. "Oportebat... Dei Matrem ea quae Filii essent possidere" (SÃO JOÃO DAMASCENO. *Sermo 2 in Dormitione B.M.*).
8. "Ita serviam Matri tuae, ut ex hoc ipse me probes servisse tibi" (SANTO ILDEFONSO. *De virginitate perpetua B.M.*, cap. XII).

para ir a Ele[9]. Bem diferente é ela das outras criaturas, as quais, se a elas nos apegarmos, poderão antes nos afastar que nos aproximar de Deus. A mais forte inclinação de Maria é nos unir a Jesus Cristo, seu divino Filho; e a mais forte inclinação do Filho é que vamos a Ele por meio de sua Mãe Santíssima. E isto é para Ele tanta honra e prazer, como seria para um rei honra e prazer, se alguém, para tornar-se mais perfeitamente seu escravo, se fizesse escravo da rainha. Eis por que os Santos Padres, e São Boaventura com eles, dizem que a Santíssima Virgem é o caminho para chegar a Nosso Senhor: *"Via veniendi ad Christum est appropinquare ad illam"*[10].

76. Além disso, se a Virgem Santíssima, como já disse (v. n. 38), é a rainha e soberana do céu e da terra — *"Imperio Dei omnia subiciuntur et Virgo, ecce imperio Virginis omnia subiciuntur et Deus"*[11], dizem Santo Anselmo, São Bernardo, São Boaventura — não possui ela tantos súditos e escravos quantas criaturas existem?[12]

Não é razoável que, entre tantos escravos por constrangimento, haja alguns por amor, que, de boa vontade e na qualidade de escravos, escolham Maria para sua soberana? Pois então os homens e os demônios terão seus escravos voluntários e Maria não há de tê-los?

Seria desonra para um rei se a rainha, sua companheira, não possuísse escravos sobre os quais tivesse direito de vida e morte[13], pois a honra e o poder do rei são a honra e o poder da rainha; e pode-se

---

9. "Per ipsam Deus descendit ad terras, ut per ipsam homines ascendere mereantur ad caelos" (SANTO AGOSTINHO. *Sermo 113 in Nativit. Domini*). • Cf. tb. SÃO BOAVENTURA. *Expositio in Lc*, cap. I, n. 38. Pio X, Encíclica *Ad diem ilium*.
10. Psalterium maius B.M., Sl 117.
11. "Ao poder de Deus tudo é submisso, até a Virgem; ao poder da Virgem tudo é submisso, até Deus".
12. "Res quippe omnes conditas Filius Matri mancipavit". (SÃO JOÃO DAMASCENO. *Sermo 2 in Dormitione B.M.* • "Ancilla Dominae Mariae est quaelibet anima fidelis, imo etiam Ecclesia universalis" (SÃO BOAVENTURA. *Speculum B.M.V.*, lect. III § 5).
13. Cf. nota ao n. 71.

acreditar que Nosso Senhor, o melhor de todos os filhos, que deu a sua Mãe Santíssima parte de todo o seu poder, considere um mal ter ela escravos?[14] Terá ele menos respeito e amor a sua Mãe do que teve Assuero a Ester e Salomão a Betsabé? Quem ousaria dizê-lo ou pensá-lo sequer?

77. Mas onde me leva minha pena? Por que me detenho aqui a provar uma coisa tão evidente? Se alguém recusa confessar-se escravo de Maria, que importa? Que se faça e se diga escravo de Jesus Cristo. É o mesmo que ser escravo da Santíssima Virgem, pois Jesus é o fruto e a glória de Maria. E isto se faz perfeitamente pela devoção de que falaremos a seguir[15].

ARTIGO III
Devemos despojar-nos do que há de mau em nós

78. *Terceira verdade.* – Nossas melhores ações são ordinariamente manchadas e corrompidas pelo fundo de maldade que há em nós. Quando se despeja água limpa e clara em uma vasilha suja, que cheira mal, ou quando se põe vinho em uma pipa cujo interior está azedado por outro vinho que aí antes se depositara, a água límpida e o vinho bom adquirem facilmente o mau cheiro e o azedume dos recipientes. Do mesmo modo, quando Deus põe no vaso de nossa alma, corrompido pelo pecado original e pelo pecado atual, suas graças e orvalhos celestiais ou o vinho delicioso de seu amor, estes dons divinos ficam ordinariamente estragados ou manchados pelo mau germe e mau fundo que o pecado deixou em

---

14. "Christianorum memento, qui servi tui sunt". SÃO GERMANO DE CONSTANTINOPLA. *Orat. hist. in Dormitione Deiparae.*
15. Para explicação da doutrina exposta neste artigo II, cf. LHOUMEAU, A. *A vida espiritual do B.L.M. Grignion de Montfort*, 1ª parte, cap. IV.

nós; nossas ações, até as mais sublimes virtudes, disto se ressentem. É, portanto, de grande importância, para adquirir a perfeição, que só se consegue pela união com Jesus Cristo, despojar-nos de tudo que de mau existe em nós. Do contrário, Nosso Senhor, que é infinitamente puro e odeia infinitamente a menor mancha na alma, nos repelirá e de modo algum se unirá a nós.

79. Para despojar-nos de nós mesmos, é preciso conhecer primeiramente e bem, pela luz do Espírito Santo, nosso fundo de maldade, nossa incapacidade para todo bem, nossa fraqueza em todas as coisas, nossa inconstância em todo tempo, nossa indignidade de toda graça e nossa iniquidade em todo lugar. O pecado de nossos primeiros pais nos estragou completamente, nos azedou, inchou e corrompeu, como o fermento azeda, incha e corrompe a massa em que é posto. Os pecados atuais que cometemos, sejam mortais ou veniais, perdoados que estejam, aumentam em nós a concupiscência, a fraqueza, a inconstância e a corrupção, deixando maus traços em nossa alma.

Nosso corpo é tão corrompido, que o Espírito Santo (Rm 6,6; Sl 50,7) o chama corpo do pecado, concebido no pecado, nutrido no pecado, e só apto para o pecado, corpo sujeito a mil e mil males, que se corrompe sempre mais cada dia, e que só engendra a doença, os vermes, a corrupção.

Nossa alma, unida ao corpo, tornou-se tão carnal, que é chamada carne: "Toda a carne tinha corrompido o seu caminho" (Gn 6,12). Toda a nossa herança é orgulho e cegueira no espírito, endurecimento no coração, fraqueza e inconstância na alma, concupiscência, paixões revoltadas e doenças no corpo. Somos, naturalmente, mais orgulhosos que os pavões, mais apegados à terra que os sapos, mais feios que os bodes, mais invejosos que as serpentes, mais glutões que os porcos, mais coléricos que os tigres e mais preguiçosos que as tartarugas; mais fracos que os caniços, e mais inconstantes do que um catavento. Tudo que temos em nosso íntimo é nada e pecado, e só merecemos a ira de Deus e o inferno eterno[1].

80. Depois disto, por que nos admirar de ter Nosso Senhor dito que quem quisesse segui-lo devia renunciar a si mesmo e odiar a própria alma; que aquele que amasse sua alma a perderia e quem a odiasse se salvaria? (Jo 12,25). A Sabedoria infinita, que não dá ordens sem motivo, só ordena que nos odiemos porque somos grandemente dignos de ódio: só Deus é digno de amor, enquanto nada há mais digno de ódio do que nós.

81. Em segundo lugar, para despojar-nos de nós mesmos, é preciso que todos os dias morramos para nós, isto é, importa renunciarmos às operações das faculdades da alma e dos sentidos do corpo, precisamos ver como se não víssemos, ouvir como se não ouvíssemos, servir-nos das coisas deste mundo como se não o fizéssemos (cf. 1Cor 7,29-31), o que São Paulo chama morrer todos os dias: "*Quotidie morior*" (1Cor 15,31). "Se o grão de trigo, caindo na terra, não morrer, fica só, e não produz fruto apreciável": "*Nisi granum frumenti cadens in terram mortuum fuerit, ipsum solum Manet*" (Jo 12,24-25). Se não morrermos a nós mesmos, e se as mais santas devoções não nos levarem a esta morte necessária e fecunda, não produziremos fruto que valha, nossas devoções serão inúteis, todas as nossas obras de justiça ficarão manchadas por nosso amor-próprio e nossa própria vontade, e Deus abominará os maiores sacrifícios e as melhores ações que possamos fazer. Na

---

1. São Luís Maria fala de nosso nada e de nossa impotência na ordem sobrenatural, sem o socorro da graça (Cf. com efeito, mais adiante o n. 83: Nosso íntimo..., tão corrompido, se nos apoiamos em nossos próprios trabalhos para chegar a Deus...).

hora da nossa morte, teremos as mãos vazias de virtudes e de méritos, e não brilhará em nós a menor centelha do puro amor, que só é comunicado às almas mortas a si mesmas, almas cuja vida está oculta com Jesus Cristo em Deus (Cl 3,3).

82. Em terceiro lugar, é preciso escolher, entre todas as devoções à Santíssima Virgem, a que nos leva com mais certeza a este aniquilamento do próprio eu. Esta será a devoção melhor e mais santificante, pois é mister reconhecer que nem tudo que luz é ouro, nem tudo que é doce é mel, e nem tudo que é fácil de fazer e praticar é o mais santificante. Do mesmo modo que a natureza tem segredos para fazer em pouco tempo, sem muitos gastos e com facilidade, certas operações naturais, há segredos, na ordem da graça, pelos quais se fazem, em pouco tempo, com doçura e facilidade, operações sobrenaturais, como despojar-nos de nós mesmos, encher-nos de Deus, e tornar-nos perfeitos.

A prática que quero revelar é um desses segredos da graça, desconhecido da maior parte dos cristãos, conhecido de poucos devotos, praticado e apreciado por um número bem diminuto. Antes de abordar esta prática, apresento uma quarta verdade que é consequência da terceira.

ARTIGO IV
Temos necessidade de um medianeiro junto do próprio medianeiro que é Jesus Cristo

83. *Quarta verdade.* – É muito mais perfeito, porque é mais humilde, tomar um medianeiro para nos aproximarmos de Deus.

Se nos apoiarmos sobre nossos próprios trabalhos, habilidade, e preparações, para chegar a Deus e agradar-lhe, é certo que todas as nossas obras de justiça ficarão manchadas e peso insignificante terão junto de Deus, para movê-lo a unir-se a nós e nos atender, pois, como acabo de demonstrar, nosso íntimo é extremamente corrupto. E não foi sem razão que ele nos deu medianeiros junto de sua majestade. Viu nossa iniquidade e incapacidade, apiedou-se de nós, e, para dar-nos acesso às suas misericórdias, proporcionou--nos intercessores poderosos junto de sua grandeza; de sorte que negligenciar esses medianeiros e aproximar-se diretamente de sua santidade sem outra recomendação é faltar ao respeito a um Deus tão alto e tão santo; é menosprezar este Rei dos reis, como não se faria a um rei ou príncipe da terra, do qual ninguém se aproximaria sem a recomendação de um amigo.

84. Nosso Senhor é nosso advogado e medianeiro de redenção junto de Deus Pai; é por intermédio dele que devemos rezar com toda a Igreja triunfante e militante; é por intermédio dele que obtemos acesso junto de sua majestade, em cuja presença não devemos jamais aparecer, a não ser amparados e revestidos dos méritos de Jesus Cristo, como Jacob revestindo-se da pele de cabrito para receber a bênção de seu pai Isaac.

85. Mas temos necessidade de um medianeiro junto do próprio medianeiro? Será a nossa pureza suficiente para que nos permita unir-nos diretamente a Ele, e por nós mesmos? Não é Ele Deus, em tudo igual ao Pai, e, por conseguinte, o Santo dos santos, digno de tanto respeito como seu Pai? Se Ele, por sua caridade infinita, se constituiu nosso penhor e medianeiro junto de Deus seu Pai, para aplacá-lo e pagar-lhe o que lhe devíamos, quer isto dizer que lhe devemos menos respeito e temor por sua majestade e santidade?

Digamos, pois, ousadamente, com São Bernardo[1], que temos necessidade de um medianeiro junto do Medianeiro por excelência, e que Maria Santíssima é a única capaz de exercer esta função admirável. Por ela Jesus Cristo veio a nós, e por ela devemos ir a Ele. Se receamos ir diretamente a Jesus Cristo Deus, em vista de sua grandeza infinita, ou por causa de nossa baixeza, ou, ainda, devido aos nossos pecados, imploremos afoitamente o auxílio e intercessão de Maria nossa Mãe; ela é boa e terna; nela não há severidade nem repulsa; tudo nela é sublime e brilhante; contemplando-a, vemos nossa pura natureza. Ela não é o sol, que, pela força de seus raios, nos poderia deslumbrar em nossa fraqueza, mas é bela e suave como a lua (Ct 6,9), que recebe a luz do sol e a tempera para que possamos suportá-la. É tão caridosa que a ninguém repele, que implore sua intercessão, ainda que seja um pecador; pois, como dizem os santos, nunca se ouviu dizer, desde que o mundo é mundo, que alguém que tenha recorrido à Santíssima Virgem, com confiança e perseverança, tenha sido desamparado ou repelido[2]. Ela é tão poderosa que jamais foi desatendida em seus pedidos; basta-lhe apresentar-se diante de seu Filho para pedir-lhe algo, e Ele só ouve o pedido para logo conceder-lhe o que ela pede; é sempre amorosamente vencido pelos seios, pelas entranhas e pelas preces de sua querida Mãe.

86. Tudo isto é tirado de São Bernardo e de São Boaventura. De acordo com suas palavras, temos três degraus a subir para chegar a Deus: o primeiro, mais próximo de nós e mais conforme à nossa capacidade, é Maria; o segundo é Jesus Cristo; e o terceiro é

---

1. *Sermo in Domin. inf. oct. Assumptionis*, n. 2: "Opus est enim mediatore ad Mediatorem istum, nec alter nobis utilior quam Maria". Todo este parágrafo é tirado deste sermão de São Bernardo.

2. Termina aqui a citação de São Bernardo. A frase seguinte é tirada de SÃO BOAVENTURA. *Sermo 2 in B.V.M.*

Deus Pai³. Para ir a Jesus é preciso ir a Maria, pois ela é a medianeira de intercessão. Para chegar ao Pai eterno é preciso ir a Jesus, que é nosso medianeiro de redenção. Ora, pela devoção que preconizo, mais adiante, é esta a ordem perfeitamente observada.

ARTIGO V
É muito difícil para nós conservar as graças e tesouros recebidos de Deus

87. *Quinta verdade.* – É extremamente difícil, devido à nossa fraqueza e fragilidade, conservarmos em nós as graças e os tesouros que recebemos de Deus:

1º) Porque este tesouro, mais valioso que o céu e a terra, nós o guardamos em vasos frágeis: "*Habemus thesaurum istum in vasis fictilibus*" (2Cor 4,7); em um corpo corruptível, em uma alma fraca e inconstante que um nada perturba e abate.

88. 2º) Porque os demônios, que são ladrões finórios, buscam surpreender-nos de improviso para nos roubar e despojar; espreitam dia e noite o momento favorável a seu desígnio; andam incessantemente ao redor de nós, prontos a devorar-nos (cf. 1Pd 5,8) e, pelo pecado, arrebatar-nos, num momento, tudo que em longos anos conseguimos alcançar de graças e méritos. E tanto mais devemos temer esta desgraça, sabendo quão incomparável é sua malícia, sua experiência, suas astúcias e seu número. Pessoas têm havido muito mais cheias de graça do que nós, mais ricas em virtudes, mais experientes, mais elevadas em santidade, que foram surpreendidas, roubadas, saqueadas lamentavelmente. Ah!

---

3. "Per Mariam ad Christum accedimus, et per Christum gratiam Spiritus Sancti invenimus" (SÃO BOAVENTURA. *Speculum B.V.*, lect. VI, § 2). • Cf. tb. LEÃO XIII. Encíclica *Octobri mense*, 22-9-1891.

63

quantos cedros do Líbano, quantas estrelas do firmamento se têm visto cair miseravelmente, perdendo em pouco tempo toda a sua altivez e claridade. A que atribuir tão estranha mudança? Não foi falta de graça, pois a graça não falta a ninguém; foi falta de humildade. Essas pessoas acreditavam-se mais fortes e suficientes do que o eram na realidade, julgavam-se capazes de guardar seus tesouros; fiaram-se e apoiaram-se em si próprias; creram sua casa bastante segura e bem fortes os seus cofres para guardar o precioso tesouro da graça, e, devido a essa segurança imperceptível que tinham em si (conquanto lhes parecesse que se apoiavam na graça de Deus), é que o justíssimo Senhor, abandonando-as às próprias forças, permitiu que fossem roubadas. Ah! se tivessem conhecido a devoção admirável que vou expor, em seguida, teriam confiado seu tesouro à Virgem poderosa e fiel, que o teria guardado como seu próprio bem, fazendo mesmo, disso, um dever de justiça.

89. 3º) É difícil perseverar na justiça, por causa da corrupção do mundo. O mundo está, atualmente, tão corrompido, que é quase necessário que os corações religiosos sejam manchados, se não pela lama, ao menos pela poeira dessa corrupção; de modo que se pode considerar um milagre o fato de uma pessoa manter-se firme no meio dessa torrente impetuosa sem que o turbilhão a arraste; no meio desse mar tempestuoso sem que o furor das ondas a submerja ou a pilhem os piratas e corsários; no meio desse ar empestado sem que os miasmas a contaminem. É a Virgem, a única fiel, na qual a serpente não teve parte jamais, que faz este milagre em favor daqueles e daquelas que a servem da mais bela maneira.

Capítulo III

Escolha da verdadeira devoção à Santíssima Virgem

90. Conhecidas estas cinco verdades, é preciso, mais do que nunca, fazer agora uma boa escolha da verdadeira devoção à Virgem Santíssima, pois, como jamais, pululam falsas devoções a Maria Santíssima, as quais passam facilmente por devoções verdadeiras. O demônio, como um moedeiro falso e em enganador fino e experimentado, tem já enganado e perdido inúmeras almas, inculcando uma falsa devoção à Santíssima Virgem, e todos os dias vale-se de sua experiência diabólica para lançar outras mais à eterna condenação, divertindo-as e acalentando-as no pecado, sob o pretexto de algumas orações malrecitadas e de algumas práticas exteriores que lhes inspira. Como um moedeiro falso só falsifica ordinariamente moedas de ouro e prata, raras vezes imitando outros metais, que não compensam o trabalho, do mesmo modo o espírito maligno não se detém em falsificar outras devoções que não sejam as de Jesus e de Maria, à santa comunhão, e à Virgem Santíssima, porque são estas como o ouro e a prata entre os metais.

91. É, portanto, de grande importância conhecer primeiramente as falsas devoções à Santíssima Virgem, para evitá-las, e a verdadeira, para abraçá-la; segundo, entre tantas práticas diferentes da verdadeira devoção à Virgem Santíssima, distinguir a mais perfeita, a mais agradável à Maria Santíssima, a que mais glória dá a Deus, a mais santificante para nós, para a esta nos apegarmos.

ARTIGO I
Os sinais da falsa e da verdadeira devoção à Santíssima Virgem

§ I. Os falsos devotos e as falsas devoções à Santíssima Virgem.

92. Conheço sete espécies de falsos devotos e falsas devoções à Santíssima Virgem: 1º) os devotos *críticos*, 2º) os devotos *escrupulosos*, 3º) os devotos *exteriores*, 4º) os devotos *presunçosos*, 5º) os devotos *inconstantes*, 6º) os devotos *hipócritas*, 7º) os devotos *interesseiros*.

1º) Os devotos críticos

93. Os devotos críticos são, em geral, sábios orgulhosos, espíritos fortes e presumidos, que têm no fundo uma certa devoção à Santíssima Virgem, mas que vivem criticando as práticas de devoção que a gente simples tributa de boa-fé e santamente a esta boa Mãe, pelo fato de estas devoções não agradarem à sua culta fantasia. Põem em dúvida todos os milagres e histórias narrados por autores dignos de fé, ou inseridos em crônicas de ordens religiosas, atestando as misericórdias e o poder da Santíssima Virgem. Repugna-lhes ver pessoas simples e humildes ajoelhadas diante de um altar ou de uma imagem da Virgem, às vezes no recanto de uma rua, rezando a Deus; chegam a acusá-las de idolatria, como se estivessem adorando a pedra ou a madeira. Dizem que, de sua parte, não apreciam essas devoções exteriores e que seu espírito não é tão fraco que vá dar fé a tantos contos e historietas que se atribuem à Santíssima Virgem. Quando alguém lhes repete os louvores admiráveis que os Santos Padres dão à Santíssima Virgem, respondem que são flores de retórica, ou exagero, que aqueles escritores eram oradores; ou dão, então, uma explicação má daquelas palavras[1].

Essa espécie de falsos devotos e orgulhosos e mundanos é muito para temer, e eles causam um mal infinito à devoção à Santíssima Virgem, dela afastando eficazmente o povo, sob pretexto de destruir-lhe os abusos.

2º) Os devotos escrupulosos

94. Os devotos escrupulosos são aqueles que receiam desonrar o Filho, honrando a Mãe, e rebaixá-lo se a exaltarem demais. Não podem suportar que se repitam à Santíssima Virgem aqueles louvores justíssimos que lhe teceram os Santos Padres; não suportam sem desgosto que a multidão ajoelhada aos pés de Maria seja maior que ante o altar do Santíssimo Sacramento, como se fossem antagônicos, e como se os que rezam à Santíssima Virgem não rezassem a Jesus Cristo por meio dela. Não querem que se fale tão frequentemente da Santíssima Virgem, nem que se recorra tantas vezes a ela.

Algumas frases eles as repetem a cada momento: Para que tantos terços, tantas confrarias e devoções exteriores à Santíssima Virgem? Vai nisso muito de ignorância! É fazer da religião uma palhaçada. Falai-me, sim, dos que são devotos de Jesus Cristo (e eles o nomeiam, muitas vezes, sem se descobrir, digo-o entre parênteses): cumpre recorrer a Jesus Cristo, pois é Ele o nosso único medianeiro; é preciso pregar Jesus Cristo, isto sim que é sólido!

Em certo sentido é verdade o que eles dizem. Mas, pela aplicação que lhe dão, é bem perigoso e constitui uma cilada sutil do

---

1. Não se pense que São Luís Maria exagere neste ponto. A época em que escrevia era a desses devotos críticos, que procuravam propagar entre os fiéis escritos venenosos, como o panfleto de Windenfelt, intitulado: "Avisos salutares da B.V. Maria a seus devotos indiscretos" (Cf. LHOUMEAU. *Vida espiritual*).

maligno, sob o pretexto de um bem muito maior, pois nunca se há de honrar mais a Jesus Cristo, do que honrando a Santíssima Virgem, desde que a honra que se presta a Maria não tem outro fim que honrar mais perfeitamente a Jesus Cristo, e que só se vai a ela como ao caminho para atingir o termo que é Jesus Cristo.

95. A santa Igreja, como o Espírito Santo, bendiz primeiro a Santíssima Virgem e depois Jesus Cristo: "*benedicta tu in mulieribus et benedictus fructus ventris tui Iesus*". Não porque a Santíssima Virgem seja mais ou igual a Jesus Cristo: seria uma heresia intolerável, mas porque, para mais perfeitamente bendizer Jesus Cristo, cumpre bendizer antes a Maria. Digamos, portanto, com todos os verdadeiros devotos de Maria, contra seus falsos e escrupulosos devotos: Ó Maria, bendita sois vós entre todas as mulheres e bendito é o fruto do vosso ventre, Jesus!

3º) Os devotos exteriores

96. Devotos *exteriores* são as pessoas que fazem consistir toda a devoção à Santíssima Virgem em práticas exteriores; que só tomam interesse pela exterioridade da devoção à Santíssima Virgem, por não terem espírito interior; que recitarão às pressas uma enfiada de terços, ouvirão, sem atenção, uma infinidade de missas, acompanharão as procissões sem devoção, farão parte de todas as confrarias sem emendar de vida, sem violentar suas paixões, sem imitar as virtudes desta Virgem Santíssima. Amam apenas o que há de sensível na devoção, sem interesse pela parte sólida. Se suas práticas não lhes afetam a sensibilidade, acham que não há nada mais a fazer, ficam desorientados, ou fazem tudo desordenadamente. O mundo está cheio dessa espécie de devotos exteriores e não há gente que mais critique as pessoas de oração que se dedicam à devoção interior sem desprezar o exterior de modéstia, que acompanha sempre a verdadeira devoção.

4º) Os devotos presunçosos

97. Os devotos *presunçosos* são pecadores abandonados a suas paixões, ou amantes do mundo, que, sob o belo nome de cristãos e devotos da Santíssima Virgem, escondem ou o orgulho, ou a avareza, ou a impureza, ou a embriaguez, ou a cólera, ou a blasfêmia, ou a maledicência, ou a injustiça etc.; que dormem placidamente em seus maus hábitos, sem se violentar muito para se corrigir, alegando que são devotos da Virgem; que prometem a si mesmos que Deus lhes perdoará, que não hão de morrer sem confissão, e não serão condenados porque recitam seu terço, jejuam aos sábados, pertencem à confraria do santo Rosário ou do Escapulário, ou a alguma congregação; porque trazem consigo o pequeno hábito ou a cadeiazinha da Santíssima Virgem etc.

Quando alguém lhes diz que sua devoção não é mais que ilusão e uma presunção perniciosa capaz de perdê-los, recusam-se a crer; dizem que Deus é bom e misericordioso e que não nos criou para nos condenar; que não há homem que não peque; que eles não hão de morrer sem confissão; que um bom *peccavi* à hora da morte basta; de mais a mais que eles são devotos da Santíssima Virgem, cujo escapulário usam; e em cuja honra dizem, todos os dias, irrepreensivelmente e sem vaidade (isto é, com fidelidade e humildade) sete Pai-nossos e sete Ave-Marias; que recitam mesmo, uma vez ou outra, o terço e o ofício da Santíssima Virgem; que jejuam etc. Para confirmar o que dizem e mais aumentar a própria cegueira, relembram umas histórias que leram ou ouviram, verdadeiras ou falsas não importa, em que se afirma que pessoas mortas em pecado mortal, sem confissão, só pelo fato de que em vida tinham feito algumas orações ou práticas de devoção à Santíssima Virgem, ressuscitaram para se confessar, ou sua alma permaneceu milagrosamente no corpo até se confessarem, ou, ainda, que, pela misericórdia da Santíssima Virgem, obtiveram de Deus, na hora da morte, a contrição e o perdão de seus pecados, e se salvaram. Eles esperam, portanto, a mesma coisa.

98. Não há, no cristianismo, coisa tão condenável como essa presunção diabólica; pois será possível dizer de verdade que se ama e honra a Santíssima Virgem, quando, pelos pecados, se fere, se traspassa, se crucifica e ultraja impiedosamente a Jesus Cristo, seu Filho? Se Maria considerasse uma lei salvar essa espécie de gente, ela autorizaria um crime, ajudaria a crucificar e injuriar seu próprio Filho. Quem o ousaria pensar?

99. Digo que abusar assim da devoção à Santíssima Virgem, a mais santa e mais sólida depois da devoção a Nosso Senhor e ao Santíssimo Sacramento, é cometer um horrível sacrilégio, o maior e o menos perdoável, depois do sacrilégio duma comunhão indigna.

Confesso que, para ser alguém verdadeiramente devoto da Santíssima Virgem, não é absolutamente necessário ser santo ao ponto de evitar todo pecado, conquanto seja este o ideal; mas é preciso ao menos (note-se bem o que vou dizer):

Em primeiro lugar, estar com a resolução sincera de evitar ao menos todo pecado mortal, que ofende tanto a Mãe como o Filho.

Segundo, fazer violência a si mesmo para evitar o pecado.

Terceiro, filiar-se a confrarias, rezar o terço, o santo rosário ou outras orações, jejuar aos sábados, etc.

100. Isto é maravilhosamente útil à conversão de um pecador, mesmo empedernido; e se meu leitor estiver nestas condições, como que tenha já um pé no abismo, eu lho aconselho, contanto, porém, que só pratique estas boas obras na intenção de, pela intercessão da Santíssima Virgem, obter de Deus a graça da contrição e do perdão dos pecados, e de vencer seus maus hábitos, e não para continuar calmamente no estado de pecado, a despeito dos remorsos de consciência, do exemplo de Jesus Cristo e dos santos, e das máximas do santo Evangelho.

5º) Os devotos inconstantes

101. Devotos *inconstantes* são aqueles que são devotos da Santíssima Virgem periodicamente, por intervalos e por capricho: hoje são fervorosos, amanhã, tíbios; agora mostram-se prontos a tudo empreender em serviço de Maria e logo após já não parecem os mesmos. Abraçam logo todas as devoções à Santíssima Virgem, ingressam em todas as suas confrarias, e em pouco tempo já nem observam as regras com fidelidade; mudam como a lua[1], e Maria os esmaga sob seus pés como faz ao crescente, pois eles são volúveis e indignos de ser contados entre os servidores desta Virgem fiel, que tem a fidelidade e a constância por herança. Vale mais não se sobrecarregar de tantas orações e práticas de devoção, e fazer poucas com amor e fidelidade, a despeito do mundo, do demônio e da carne.

6º) Os devotos hipócritas

102. Há também falsos devotos da Santíssima Virgem, os devotos hipócritas, que cobrem seus pecados e maus hábitos com o manto desta Virgem fiel, a fim de passarem aos olhos do mundo por aquilo que não são.

7º) Os devotos interesseiros

103. Há ainda os devotos interesseiros, que só recorrem à Santíssima Virgem para ganhar algum processo, para evitar algum perigo, para se curar de alguma doença, ou em qualquer necessidade desse gênero, sem o que a esqueceriam; uns e outros

---

1. A lua, por suas variações, é tomada frequentemente pelos antigos autores místicos como o símbolo das mudanças da alma inconstante. • Cf. Eclo 27,12. SÃO BERNARDO. *Sermo super Signum Magnum*, n. 3.

são falsos devotos que não têm aceitação diante de Deus e de sua Mãe Santíssima.

104. Cuidemos, portanto, de não pertencer ao número dos devotos *críticos* que em coisa alguma creem e de tudo criticam; dos devotos *escrupulosos* que receiam ser demasiadamente devotos da Santíssima Virgem, por respeito a Jesus Cristo; dos devotos *exteriores* que fazem consistir toda a sua devoção em práticas exteriores; dos devotos *presunçosos*, que, sob o pretexto de sua falsa devoção continuam marasmados em seus pecados; dos devotos *inconstantes* que, por leviandade, variam suas práticas de devoção, ou as abandonam completamente à menor tentação; dos devotos *hipócritas* que se metem em confrarias e ostentam as insígnias da Santíssima Virgem a fim de passar por bons; e, enfim, dos devotos *interesseiros*, que só recorrem à Santíssima Virgem para se livrarem dos males do corpo ou obter bens temporais.

§ II. A verdadeira devoção à Santíssima Virgem.

105. Depois de descobrir e condenar as falsas devoções à Santíssima Virgem, cumpre estabelecer em poucas palavras a devoção verdadeira, que é: 1º) *interior*, 2º) *terna*, 3º) *santa*, 4º) *constante*, 5º) *desinteressada*.

1º) A verdadeira devoção é interior

106. Antes de tudo, a verdadeira devoção à Santíssima Virgem é *interior*, isto é, parte do espírito e do coração. Vem da estima em que se tem a Santíssima Virgem, da alta ideia que se formou de suas grandezas, e do amor que se lhe consagra.

2º) A verdadeira devoção é terna

107. Em segundo lugar é *terna*, quer dizer cheia de confiança na Santíssima Virgem, da confiança de um filho em sua mãe. Impele uma alma a recorrer a ela em todas as necessidades do corpo e do espírito, com extremos de simplicidade, de confiança e de ternura; ela implora o auxílio de sua boa Mãe em todo tempo, em todo lugar, em todas as coisas: em suas dúvidas, para ser esclarecida; em seus erros, para se corrigir; nas tentações, para ser sustentada; em suas fraquezas, para ser fortificada; em suas quedas, para ser levantada; em seus abatimentos, para ser encorajada; em seus escrúpulos, para ficar livre deles; em suas cruzes, trabalhos e reveses da vida, para ser consolada. Em todos os males do corpo e do espírito, enfim, Maria é seu refúgio, e não há receio de importunar esta boa Mãe e desagradar a Jesus Cristo.

3º) A verdadeira devoção é santa

108. Terceiro, a verdadeira devoção à Santíssima Virgem é *santa*: leva uma alma a evitar o pecado e a imitar as virtudes da Santíssima Virgem, principalmente sua humildade profunda, sua contínua oração, sua obediência cega, sua fé viva, sua mortificação universal, sua pureza divina, sua caridade ardente, sua paciência heroica, sua doçura angélica e sua sabedoria divina. Aí estão as dez virtudes principais da Santíssima Virgem.

4º) A verdadeira devoção é constante

109. Quarto, a verdadeira devoção à Santíssima Virgem é *constante*, firma uma alma no bem, e ajuda-a a perseverar em suas práticas de devoção. Torna-a corajosa para se opor ao mundo em suas modas e máximas, à carne, em seus aborrecimentos e paixões, e ao demônio, em suas tentações. Assim, uma pessoa verdadeiramente devota da Santíssima Virgem não é volúvel, nem se deixa dominar pela melancolia, pelos escrúpulos ou pelos receios. Não quer isto dizer que não caia ou mude, às vezes, na sensibilidade de sua devoção; mas, se cai, levanta-se logo, estende a mão à sua boa Mãe, e, se perde o gosto ou a devoção sensível, não se aflige irremediavelmente, pois o justo e devoto fiel de Maria vive da fé de Jesus e de Maria, e não nos sentimentos naturais.

5º) A verdadeira devoção é desinteressada

110. A verdadeira devoção à Virgem Santíssima é, finalmente, *desinteressada*, leva a alma a buscar não a si mesma, mas somente a Deus em sua Mãe Santíssima. O verdadeiro devoto de Maria não serve a esta augusta Rainha por espírito de lucro e de interesse, nem para seu bem temporal ou eterno, corporal ou espiritual, mas unicamente porque ela merece ser servida, e Deus exclusivamente nela; o verdadeiro devoto não ama a Maria precisamente porque ela lhe faz ou ele espera dela algum bem, mas porque ela é amável. Só por isto ele a ama e serve nos desgostos e na aridez, como nas doçuras e no fervor sensível, sempre com a mesma fidelidade; ama-a nas amarguras do Calvário como nas alegrias de Caná. Oh! como é agradável e precioso aos olhos de Deus e de sua Mãe Santíssima, esse devoto, que em nada se busca nos serviços que presta à sua Rainha. Mas, também, quão raro é encontrá-lo agora. E é com o fito de que cresça o número desses fiéis devotos, que empunhei a pena para escrever o que tenho, com fruto, ensinado em público e em particular nas minhas missões, durante anos e anos.

111. Muitas coisas já disse sobre a Santíssima Virgem. Mais ainda tenho, entretanto, a dizer, e infinitamente mais omitirei, seja por ignorância, incapacidade ou falta de tempo, no desígnio que tenho de formar um verdadeiro devoto de Maria e um verdadeiro discípulo de Jesus Cristo.

112. Oh! bem empregado seria o meu esforço, se este escrito, caindo nas mãos duma alma bem-nascida, nascida de Deus e de Maria, e não do sangue, ou da vontade da carne, nem da vontade do homem (cf. Jo 1,13), lhe desvendasse e inspirasse, pela graça do Espírito Santo, a excelência e o prêmio da verdadeira e sólida devoção à Santíssima Virgem, como vou indicar. Se eu soubesse que meu sangue pecaminoso poderia servir para fazer entrar no coração as verdades que escrevo em honra de minha querida Mãe e soberana Senhora, da qual sou o último dos filhos e escravos, em lugar de tinta eu o usaria para formar esses caracteres, na esperança que me anima de encontrar boas almas que, por sua fidelidade à prática que ensino, compensarão minha boa Mãe e Senhora das perdas que lhe têm causado minha ingratidão e infidelidade.

113. Sinto-me, mais do que nunca, animado a crer e esperar em tudo que tenho profundamente gravado no coração, e que há muitos anos peço a Deus: que mais cedo ou mais tarde a Santíssima Virgem terá mais filhos, servidores e escravos[1], como nunca houve, e que, por este meio, Jesus Cristo, meu amado Mestre, reinará totalmente em todos os corações.

114. Vejo, no futuro, animais frementes, que se precipitam furiosos para dilacerar com seus dentes diabólicos este pequeno manuscrito e aquele de quem o Espírito Santo se serviu para escrevê-lo, ou ao menos para fazê-lo ficar envolto nas trevas e no silêncio de uma arca, a fim de que ele não apareça. Atacarão até, e

---

1. Note-se a associação destes dois termos: **filho e escravo**. A mesma aproximação foi feita pelo Catecismo do Concílio de Trento (p. I, cap. 3, "De secundo symboli articulo", *in fine*).

perseguirão aqueles e aquelas que o lerem e o puserem em prática[2]. Mas não importa! tanto melhor! Esta visão me encoraja e me dá a esperança de um grande sucesso, isto é, um esquadrão de bravos e destemidos soldados de Jesus e de Maria, de ambos os sexos, para combater o mundo, o demônio e a natureza corrompida, nos tempos perigosos que virão, e como ainda não houve.

"*Que legit, intelligat. Qui potest capere, capiat*" (Mt 24,15; 19,12).

ARTIGO II
As práticas da verdadeira devoção à Santíssima Virgem

§ I. As práticas comuns.

115. Há muitas práticas *interiores* da verdadeira devoção à Santíssima Virgem. As principais são, abreviadamente, as seguintes:

1. Honrá-la, como a digna Mãe de Deus, com o culto de hiperdulia, isto é, estimá-la e honrá-la sobre todos os outros santos, como a obra-prima da graça e a primeira depois de Jesus Cristo, verdadeiro Deus e verdadeiro homem. 2. Meditar suas virtudes, seus privilégios e seus atos. 3. Contemplar suas grandezas. 4. Fazer-lhe atos de amor, de louvor e reconhecimento. 5. Invocá-la cordialmente. 6. Oferecer-se e unir-se a ela. 7. Em todas as ações ter a intenção de agradar-lhe. 8. Começar, continuar e acabar todas as ações por ela, nela, com ela e para ela, a fim de fazê-las por

---

2. Esta predição realizou-se ao pé da letra. Em todo o decorrer do século XVIII, os filhos de Montfort foram o alvo dos ataques dos jansenistas, em vista de seu zelo por esta devoção. E o precioso manuscrito, escondido durante as perturbações da Revolução Francesa, só foi encontrado em 1842 por um padre da Companhia de Maria, em um caixote de livros antigos.

Jesus Cristo, em Jesus Cristo, com Jesus Cristo e para Jesus Cristo, nosso último fim. Mais adiante explicaremos esta última prática (Cf. cap. VIII, art. II).

116. A verdadeira devoção à Santíssima Virgem tem também muitas práticas *exteriores*, das quais as principais são:

1º) alistar-se em suas confrarias e ingressar em suas congregações; 2º) ingressar numa das ordens instituídas em sua honra; 3º) publicar seus louvores; 4º) dar esmolas, jejuar e mortificar-se o espírito e o corpo em sua honra; 5º) trazer consigo suas insígnias, como o santo rosário ou o terço, o escapulário ou a cadeiazinha; 6º) recitar com devoção, atenção e modéstia ou o santo rosário, composto de quinze dezenas de Ave-Marias, em honra dos quinze mistérios principais de Jesus Cristo, ou o terço de cinco dezenas, contemplando os cinco mistérios gozosos: a anunciação, a visitação, a natividade de Jesus Cristo, a purificação e o encontro de Jesus no templo; os cinco mistérios dolorosos: a agonia de Jesus no Jardim das Oliveiras, sua flagelação, a coroação de espinhos, Jesus levando a cruz, e a crucificação; os cinco mistérios gloriosos: a ressurreição de Jesus, sua ascensão, a descida do Espírito Santo, a assunção da Santíssima Virgem em corpo e alma ao céu, e sua coroação pelas três pessoas da Santíssima Trindade. Pode-se recitar também uma coroa de seis ou sete dezenas em honra dos anos que se crê a Santíssima Virgem ter vivido na terra; ou a coroinha da Santíssima Virgem, composta de três Pai-nossos e doze Ave-Marias, em honra de sua coroa de doze estrelas[1] ou privilégios; outrossim o ofício da Santíssima Virgem universalmente conhecido e recitado pela Igreja; o pequeno saltério da Santíssima

---

1. Esta oração encontra-se no fim do volume.

Virgem que São Boaventura compôs em sua honra, tão terno e devoto que não se pode recitá-lo sem enternecimento; quatorze Pai-nossos e Ave-Marias em honra de suas quatorze alegrias; quaisquer outras orações, enfim, hinos e cânticos da Igreja, como o "Salve Rainha", o "Alma", o "Ave Regina caelorum", ou o "Regina caeli", conforme os diferentes tempos; ou o "Ave, Maris Stella", "O gloriosa Domina" etc. ou o "Magnificat", e outras orações e hinos de que andam cheios os devocionários; 7°) cantar e fazer cantar em sua honra cânticos espirituais; 8°) fazer-lhe um certo número de genuflexões ou reverências, dizendo-lhe, por exemplo, todas as manhãs, sessenta ou cem vezes: "*Ave, Maria, Virgo Fidelis*", para, por meio dela, obter de Deus a fidelidade às graças durante o dia; e à noite: "*Ave, Maria, Mater misericordiae*", para, por intermédio dela, alcançar de Deus o perdão dos pecados cometidos durante o dia; 9°) ter zelo por suas confrarias, ornar seus altares, coroar e enfeitar suas imagens; 10°) carregar ou fazer que se conduza sua imagem nas procissões, e trazê-la consigo como uma arma eficaz contra o demônio; 11°) mandar fazer imagens que a representem, ou seu nome, e colocá-los nas igrejas, nas casas, nos pórticos ou à entrada das cidades, igrejas e casas; 12°) consagrar-se a ela de uma maneira especial e solene.

117. Há uma quantidade de outras práticas da verdadeira devoção à Santíssima Virgem, que o Espírito Santo tem inspirado às almas de escol, e que são muito santificantes. Pode-se encontrá-las mais extensamente no livro *Paraíso aberto a Filágia* do Padre Paulo Barry, da Companhia de Jesus. Aí o autor coligiu grande número de devoções praticadas pelos santos em honra da Santíssima Virgem, devoções maravilhosamente úteis para santificar as almas, desde que sejam praticadas como devem, isto é:

1°) com reta e boa intenção de agradar só a Deus, de unir-se a Jesus Cristo como o nosso fim último, e de edificar o próximo;

2º) com atenção, sem distrações voluntárias; 3º) com devoção, sem precipitação nem negligência; 4º) com modéstia e compostura, em atitude respeitosa e edificante.

§ II. A prática perfeita.

118. Depois de ler quase todos os livros que tratam da devoção à Santíssima Virgem e de conversar com as pessoas mais santas e instruídas destes últimos tempos, declaro firmemente que não encontrei nem aprendi outra prática de devoção à Santíssima Virgem semelhante a esta que vou iniciar, que exija de uma alma mais sacrifícios a Deus, que a despoje mais completamente de seu amor-próprio, que a conserve com mais fidelidade na graça e a graça nela, que a una com mais perfeição e facilidade a Jesus Cristo, e, afinal, que seja mais gloriosa para Deus, santificante para a alma e útil ao próximo.

119. O essencial desta devoção consiste no interior que ela deve formar, e, por este motivo, não será compreendida igualmente por todo o mundo. Alguns hão de deter-se no que ela tem de exterior, e não passarão avante, e estes serão o maior número; outros, em número reduzido, entrarão em seu interior, mas subirão apenas um degrau. Quem alcançará o segundo? Quem se elevará até ao terceiro? Quem, finalmente, se identificará nesta devoção? Aquele somente a quem o Espírito de Jesus Cristo revelar este segredo. Ele mesmo conduzirá a esse estado a alma fiel, fazendo-a progredir de virtude em virtude, de graça em graça e de luz em luz, para que ela chegue a transformar-se em Jesus Cristo, e atinja a plenitude de sua idade sobre a terra e de sua glória no céu.

Capítulo IV

Da perfeita devoção à Santíssima Virgem ou a perfeita consagração a Jesus Cristo

120. A mais perfeita devoção é aquela pela qual nos conformamos, unimos e consagramos mais perfeitamente a Jesus Cristo, pois toda a nossa perfeição consiste em sermos conformados, unidos e consagrados a Ele. Ora, pois que Maria é, de todas as criaturas, a mais conforme a Jesus Cristo, segue daí que, de todas as devoções, a que mais consagra e conforma uma alma a Nosso Senhor é a devoção à Santíssima Virgem, sua santa Mãe, e que, quanto mais uma alma se consagrar a Maria, mais consagrada estará a Jesus Cristo.

Eis por que a perfeita consagração a Jesus Cristo nada mais é que uma perfeita e inteira consagração à Santíssima Virgem, e nisto consiste a devoção que eu ensino; ou, por outra, uma perfeita renovação dos votos e promessas do santo batismo.

ARTIGO I
Uma perfeita e inteira consagração de si mesmo à Santíssima Virgem

121. Esta devoção consiste, portanto, em entregar-se inteiramente à Santíssima Virgem, a fim de, por ela, pertencer inteiramente a Jesus Cristo[1]. É preciso dar-lhe: 1º) nosso corpo com todos os seus membros e sentidos; 2º) nossa alma com todas as suas potências; 3º) nossos bens exteriores, que chamamos de fortuna, presentes e futuros; 4º) nossos bens interiores e espirituais, que são nossos méritos, nossas virtudes e nossas boas obras passadas, presentes e futuras. Numa palavra, tudo que temos na ordem da natureza e na ordem da graça, e tudo que, no porvir, poderemos ter na ordem da natureza, da graça e da glória, e isto sem nenhuma reserva, sem a reserva sequer de um real, de um cabelo, da menor boa ação, para toda a eternidade, sem pretender nem esperar a mínima recompensa de sua oferenda e de seu serviço, a não ser a honra de pertencer a Jesus Cristo por ela e nela, mesmo que esta amável Senhora não fosse, como é sempre, a mais liberal e reconhecida das criaturas.

122. Importa notar, aqui, duas coisas que há nas boas obras que fazemos, a saber: a satisfação e o mérito, ou o valor satisfatório ou impetratório e o valor meritório. O valor satisfatório ou impetratório de uma boa obra é uma boa ação na medida em que satisfaz a pena devida pelo pecado, ou em que obtém alguma nova graça; o valor meritório ou o mérito é uma boa ação, em quanto merece a graça e a glória eterna. Ora, nesta consagração de nós mesmos à Santíssima Virgem, nós lhe damos todo o valor

---

1. Cf. "Mentem, animam, corpus, nos ipsosque totos tibi consecramus" (SÃO JOÃO DAMASCENO. *Sermo I in Dormitione B.V.*).

satisfatório, impetratório e meritório, ou, por outra, as satisfações e os méritos de todas as nossas boas obras: damos-lhe nossos méritos, nossas graças e nossas virtudes, não para comunicá-los a outrem (porque nossos méritos, graças e virtudes, propriamente falando, são incomunicáveis; só Jesus Cristo, fazendo-se nosso penhor diante de seu Pai, pôde comunicar-nos seus méritos), mas para no-los conservar, aumentar e encarecer, como diremos ainda. (Cf. n. 146ss.). Damos-lhe nossas satisfações para que ela as comunique a quem bem lhe pareça e para maior glória de Deus.

123. Daí segue: 1º) que, por esta devoção, damos a Jesus Cristo, do modo mais perfeito, pois que o fazemos pelas mãos de Maria, tudo que lhe podemos dar, e muito mais que por outras devoções, pelas quais lhe damos uma parte de nosso tempo ou de nossas boas obras, ou uma parte de nossas satisfações e mortificações. Aqui damos e consagramos tudo, até o direito de dispor dos bens interiores, e as satisfações que ganhamos por nossas boas obras, dia a dia: e isto não se faz nem mesmo numa ordem religiosa. Nestas, consagram-se a Deus os bens de fortuna pelo voto de pobreza, os bens do corpo pelo voto de castidade, a vontade própria pelo voto de obediência, e, às vezes, a liberdade do corpo pelo voto de clausura. Não se lhe dá, porém, a liberdade ou o direito que temos de dispor de nossas boas obras, nem se renuncia tanto como se pode ao que o cristão tem de mais precioso e caro: seus méritos e satisfações.

124. 2º) Uma pessoa, que assim voluntariamente se consagrou e sacrificou a Jesus Cristo por Maria, já não pode dispor do valor de nenhuma de suas boas ações. Tudo que sofre, tudo que pensa, diz e faz de bem pertence a Maria, para que ela de tudo disponha conforme a vontade e para maior glória de seu Filho, sem que, entretanto, esta dependência prejudique de modo algum as obrigações de estado no qual esteja presentemente, ou venha a estar no futuro: por exemplo, as obrigações de um sacerdote que, por dever de ofício ou por outro motivo, deve aplicar o valor satisfatório e impetratório da santa missa a um particular; pois não se faz esta oferta a não ser conforme a ordem de Deus e os deveres de estado.

125. 3º) A consagração é feita conjuntamente à Santíssima Virgem e a Jesus Cristo; à Santíssima Virgem como ao meio perfeito que Jesus Cristo escolheu para se unir a nós e nós a ele; e a Nosso Senhor como o nosso fim último, ao qual devemos tudo o que somos, como a nosso Redentor e nosso Deus.

ARTIGO II
Uma perfeita renovação dos votos do batismo

126. Disse acima (cf. n. 120) que a esta devoção podia-se chamar muito bem uma perfeita renovação dos votos ou promessas do santo batismo.

Todo cristão, antes do batismo, era escravo do demônio, pois lhe pertencia. Na ocasião do batismo o cristão, por sua própria boca ou pela de seu padrinho e de sua madrinha, renunciou a Satanás, a suas pompas e obras, e tomou Jesus Cristo para seu Mestre e soberano Senhor, passando a depender dele, na qualidade de escravo por amor. É o que se faz pela presente devoção: renuncia-se (como está indicado na fórmula de consagração) ao demônio, ao mundo, ao pecado e a si próprio, dando-se inteiramente a Jesus Cristo pelas mãos de Maria. Faz-se até algo mais, pois se, no batismo, falamos ordinariamente pela boca de outrem, pela boca do padrinho ou da madrinha, dando-nos a Jesus Cristo por procuração, nesta devoção fazemo-lo nós mesmos, voluntariamente, com conhecimento de causa.

No batismo não é pelas mãos de Maria que nos damos a Jesus Cristo, pelo menos de uma maneira expressa, nem fazemos doação a ele do valor de nossas boas ações; depois do batismo, ficamos inteiramente livres de aplicar esse valor a quem quisermos ou de conservá-lo para nós. Por essa devoção, damo-nos, porém, a Nosso Senhor pelas mãos de Maria, e lhe consagramos o valor de todas as nossas ações.

127. No santo batismo, diz Santo Tomás, os homens fazem o voto de renunciar ao demônio e às suas pompas: "*In baptismo vovent homines abrenuntiare diabolo et pompis eius*"[1]. E este voto, afirma Santo Agostinho, é o maior e o mais indispensável. "*Votum maximum nostrum quo vovimus nos Christo esse mansuros*"[2]. É também o que dizem os canonistas: "*Praecipuum votum est quod in baptismate facimus*" – o voto principal é o que fazemos no batismo. Quem, entretanto, guarda tão grande voto? Quem é que mantém fielmente as promessas do santo batismo? Não é um fato que quase todos os cristãos falseiam à fidelidade que no batismo prometeram a Jesus Cristo? Donde poderá vir esse desregramento universal, senão do esquecimento em que se vive das promessas e compromissos do santo batismo, e por que cada um não ratifica espontaneamente o contrato de aliança feito com Deus por seu padrinho e sua madrinha?

128. É tão verdade isto, que o Concílio de Sens, convocado por ordem de Luís o Bonachão para pôr cobro às grandes desordens dos cristãos, declarou que a causa principal da corrupção então reinante vinha do esquecimento e ignorância em que se vivia

---

1. *Summa Theol. 2-2*, q. 88, art. 2, arg. 1.
2. Epístola 59 *ad Paulin.*

dos compromissos tomados no santo batismo; e não encontrou melhor remédio para tão grande mal do que induzir os cristãos a renovar as promessas do santo batismo.

129. O Catecismo do Concílio de Trento, fiel intérprete deste santo Concílio, exorta os curas a fazer o mesmo, e a relembrar aos fiéis que estão ligados e consagrados a Nosso Senhor Jesus Cristo, como escravos a seu Redentor e Senhor. Eis as palavras textuais: *"Parochus fidelem populum ad eam rationem cohortabitur ut sciat aequissimum esse... nos ipsos, non secus ac mancipia Redemptori nostro et Domino in perpetuum addicere et consecrare"*[3].

130. Ora, se os Concílios, os Santos Padres e a própria experiência nos mostram que o melhor meio de remediar os desregramentos dos cristãos é fazê-los relembrar as obrigações assumidas no batismo e renovar os votos que então fizeram, não é natural que se faça isto presentemente, de um modo perfeito, por esta devoção e consagração a Nosso Senhor, por intermédio de sua Mãe Santíssima? Digo "de um modo perfeito" porque nos servimos, nesta consagração a Jesus Cristo, do mais perfeito de todos os meios, que é a Santíssima Virgem.

Respostas a algumas objeções

131. Não se pode objetar que esta devoção seja nova ou sem importância. Não é nova porque os concílios, os padres e muitos autores antigos e modernos falam desta consagração a Nosso Senhor ou renovação das promessas do batismo, como de uma prática antiga, aconselhando-a a todos os cristãos. Esta prática também não é sem importância, pois a principal fonte de todas as desordens e consequente condenação dos cristãos está no esquecimento e indiferença por esta renovação.

---

3. *Catec. Conc. Trid.*, p. I, cap. 3, art. 2, § 15, "De secundo Symboli articulo" *in fine.*

132. Alguns podem alegar que esta devoção, levando-nos a dar a Nosso Senhor, pelas mãos de Maria Santíssima, o valor de todas as nossas boas obras, orações, mortificações e esmolas, torna-nos impotentes para socorrer as almas de nossos parentes, amigos e benfeitores.

A esses respondo primeiro que não é crível que nossos amigos, parentes ou benfeitores sofram prejuízo por nos termos devotado e consagrado sem reserva ao serviço de Nosso Senhor e de sua Mãe Santíssima. Seria fazer uma injúria ao poder e bondade de Jesus e Maria, que saberão muito bem valer os nossos parentes, amigos e benfeitores, aproveitando o nosso crédito espiritual, ou por outro meio qualquer.

Segundo, esta prática não impede que rezemos pelos outros, vivos ou mortos, se bem que a aplicação de nossas boas obras dependa da vontade da Santíssima Virgem; e, bem ao contrário, esta circunstância nos levará a rezar com muito mais confiança, do mesmo modo que uma pessoa rica, que tivesse doado a um grande príncipe todos os seus bens, rogaria com redobrada confiança a esse príncipe que beneficiasse a algum amigo necessitado. Seria até causar prazer a esse príncipe dar-lhe ocasião de demonstrar seu reconhecimento a uma pessoa que de tudo se tivesse despojado para engrandecê-lo, que se tivesse reduzido a completa pobreza para honrá-lo. O mesmo se deve dizer de Nosso Senhor e da Santíssima Virgem: eles jamais se deixarão vencer em reconhecimento.

133. Outros dirão, talvez: Se eu der à Santíssima Virgem todo o valor de minhas ações para que ela o aplique a quem quiser, terei de sofrer talvez muito tempo no purgatório.

Esta objeção, produto do amor-próprio e da ignorância da liberalidade de Deus e de sua Mãe Santíssima, destrói-se por si mesmo. Uma alma cheia de fervor e generosa, que antepõe os interesses de Deus aos seus próprios, que tudo que tem dá a Deus inteiramente, sem reserva, que só aspira à glória e ao reino de Jesus Cristo por intermédio de sua Mãe Santíssima, e que se sacrifica completamente para obtê-lo, esta alma generosa, repito, e liberal, será castigada no outro mundo por ter sido mais liberal e desinteressada que as outras? Muito ao contrário, é a esta alma, como veremos a seguir, que Nosso Senhor e sua Mãe Santíssima se mostram mais generosos neste mundo e no outro, na ordem da natureza, da graça e da glória.

134. Vejamos agora, o mais brevemente que pudermos, os *motivos* que nos recomendam esta devoção, os maravilhosos *efeitos* que ela produz nas almas fiéis, e as *práticas* desta devoção.

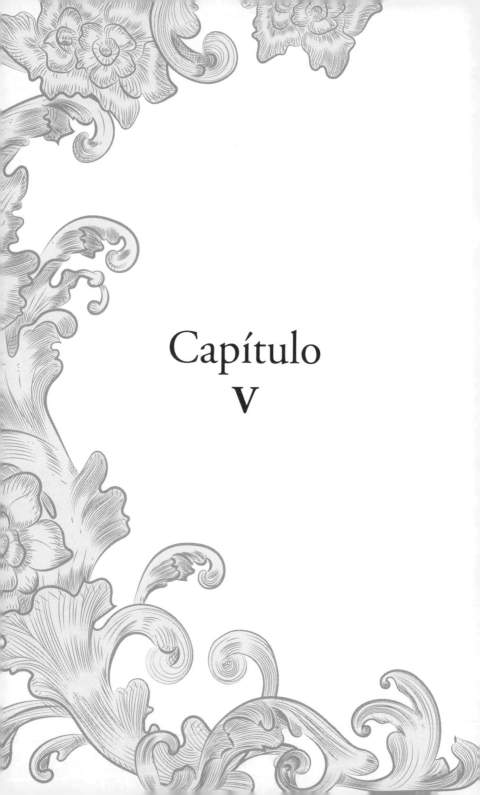

Capítulo V

Motivos que nos recomendam esta devoção

ARTIGO I
Esta devoção nos põe inteiramente ao serviço de Deus

135. *Primeiro motivo*, que nos mostra a excelência desta consagração de nós mesmos a Jesus Cristo pelas mãos de Maria.

Desde que não se pode conceber sobre a terra emprego mais relevante que o serviço de Deus; se o menor servidor de Deus é mais rico, mais poderoso e mais nobre que todos os reis e imperadores da terra que não sejam também servidores de Deus, quais não serão as riquezas, o poder e a dignidade do fiel e perfeito servidor que se tiver devotado ao serviço divino, tão inteiramente e sem reserva quanto for capaz!? Assim será um fiel e amoroso escravo de Jesus e Maria, que, pelas mãos de Maria Santíssima, se entregar inteiramente ao serviço deste Rei dos reis, e que não reservar nada para si: nem todo o ouro da terra e as belezas do céu o podem pagar.

136. As outras congregações, associações e confrarias eretas em honra de Nosso Senhor e de Nossa Senhora, que promovem grande bem no cristianismo, não mandam que se dê tudo sem reserva; não prescrevem a seus associados mais que certas práticas e atos para satisfazerem suas obrigações; deixam-nos livres em todas as outras ações e instantes de sua vida. Mas nesta devoção, que apresento, damos sem reserva a Jesus e a Maria todos os nossos pensamentos, palavras, ações e sofrimentos, e todos os momentos da vida: de sorte que, ou despertados ou adormecidos, bebendo ou comendo, nas ações as mais importantes como nas mais corriqueiras, pode-se sempre dizer em verdade que o que fazemos, embora nem sequer nos ocorra a ideia, pertence a Jesus e a Maria em virtude da nossa oferta, a menos que o retratemos expressamente. Que consolação!

137. Além disso, como já ficou dito, não há outra prática como esta, pela qual nos desfazemos facilmente de um certo espírito de propriedade, que se insinua até nas melhores ações; e nosso bom Jesus nos dá esta grande graça em recompensa do ato heroico e desinteressado que fizemos, cedendo-lhe, pelas mãos de sua Mãe Santíssima, todo o valor de nossas boas obras. Se, mesmo neste mundo, ele dá o cêntuplo àqueles que, por seu amor, abandonam os bens exteriores, temporais e caducos (Cf. Mt 19,29), em que proporção dará aos que lhe sacrificarem até seus bens interiores e espirituais?!

138. Jesus, nosso divino amigo, deu-se a nós sem reserva, seu corpo e sua alma, suas virtudes, graças e méritos: *"Se toto totum me comparavit"* – diz São Bernardo: Ele ganhou-me inteiramente dando-se inteiramente a mim. A justiça e a gratidão exigem, portanto, que lhe demos tudo que pudermos. Foi Ele o primeiro a ser liberal para conosco; sejamos também generosos para com Ele e experimentaremos mais ainda sua liberalidade, durante a vida, na hora da morte e por toda a eternidade. *"Cum liberali liberalis erit."*

ARTIGO II
Esta devoção nos leva a imitar o exemplo dado por Jesus Cristo, e a praticar a humildade

139. *Segundo motivo*, que nos mostra que é justo e vantajoso aos cristãos consagrar-se, por esta prática, inteiramente à Santíssima Virgem, a fim de pertencer mais perfeitamente a Jesus Cristo.

Este bom Mestre não desdenhou encerrar-se no seio da Santíssima Virgem, como um cativo, um escravo amoroso, e submeter-se a ela, obedecendo-lhe durante trinta anos. É aqui, repito, que o espírito humano se confunde, quando reflete seriamente nesta atitude da divina Sabedoria encarnada, que não quis, embora podendo, dar-se diretamente aos homens, preferindo fazê-lo por intermédio da Santíssima Virgem; que não quis aparecer no mundo em plena idade viril, independente de quem quer que fosse, mas como uma criancinha dependendo dos cuidados de sua Mãe Santíssima, e mantida por ela. Esta Sabedoria infinita, cheia de um desejo imenso de glorificar a Deus seu Pai e de salvar os homens, não encontrou meio algum mais perfeito nem mais simples de fazê-lo, do que se submetendo em todas as coisas à Santíssima Virgem, não só durante oito, dez ou quinze anos, mas durante trinta anos; e Ele deu mais glória a Deus seu Pai durante todo esse tempo de submissão à Santíssima Virgem, como não lhe deu empregando os últimos três anos de sua vida a fazer prodígios, a pregar por toda parte, a converter os homens. Oh! que grande glória, damos a Deus, submetendo-nos a Maria, a exemplo de Jesus.

Com um exemplo tão visível e conhecido de todo mundo, seremos insensatos a ponto de pensar que encontraremos um meio mais perfeito e mais certo para glorificar a Deus, que não seja submetendo-nos a Maria, a exemplo de seu Filho?

140. Lembremos aqui, para prova da dependência que devemos ter para com Maria, o que já ficou dito (n. 14-39), citando os exemplos que nos dão o Pai, o Filho e o Espírito Santo nesta dependência. Deus Pai nos deu e dá seu Filho por ela somente, só produz outros filhos por meio dela, e só por intermédio dela nos comunica suas graças. Deus Filho foi formado para todo o mundo, por ela, e não é senão por ela que é formado todos os dias, e gerado por ela em união com o Espírito Santo, e é ela a única via pela qual nos comunica suas virtudes e seus méritos. O Espírito Santo formou Jesus Cristo por meio dela, e por meio dela forma os membros de seu corpo místico, e só por ela nos dispensa seus dons e favores. Depois de exemplos tão claros e instantes, poderemos, sem uma extrema cegueira, prescindir de Maria, deixar de consagrar-nos a ela e de depender dela para irmos a Deus e a Ele nos sacrificarmos?

141. Eis algumas passagens dos Santos Padres, que escolhi como prova do que acabo de dizer:

"*Duo filii Mariae sunt, homo Deus e homo purus; unius corporaliter, et alterius spiritualiter mater est Maria*" (São Boaventura e Orígenes)[1].

"*Haec est voluntas Dei, qui totum nos voluit habere per Mariam; ac proinde, si quid spei, si quid gratiae, si quid salutis, ab ea noverimus redundare*" (São Bernardo)[2].

"*Omnia dona, virtutes, gratiae ipsius Spiritus Sancti, quibus vult, et quando vult, quomodo vult, quantum vult per ipsius manus administrantur*" (São Bernardino)[3].

"*Qui indignus eras cui daretur, datum est Mariae, ut per eam acciperes quidquid haberes*" (São Bernardo)[4].

142. Deus, vendo que somos indignos de receber suas graças diretamente de suas mãos divinas, dá-as a Maria, a fim de obtermos por ela o que Ele nos quer dar; e também redunda em

---

1. "Maria tem dois filhos, um, homem-Deus e o outro, puro homem; de um Maria é Mãe corporal, do outro, mãe espiritual" (*Speculum B.M.V.*, lect. III, § 1, 2º).
2. SÃO BERNARDO. *De Aquaeductu*, n. 6: "Tal é a vontade de Deus que quis que tenhamos tudo por Maria. Se, portanto, temos alguma esperança, alguma graça, algum dom salutar, saibamos que isto nos vem por suas mãos".
3. SÃO BERNARDINO DE SENA. *Sermo in Nativ. B.V. art. un.*, cap. 8: "Todos os dons, virtudes e graças do Espírito Santo são distribuídos pelas mãos de Maria, a quem ela quer, quando quer, como quer, e quanto quer".
4. SÃO BERNARDO. *Sermo 3 in vigilia Nativitatis Domini*, n. 10: "Eras indigno de receber as graças divinas: por isso elas foram dadas a Maria, a fim de que por ela recebesses tudo o que terias".

glória para Ele, receber pelas mãos de Maria o reconhecimento, o respeito e o amor que lhe devemos por seus benefícios. É, pois, muito justo que imitemos o procedimento de Deus, a fim – diz São Bernardo[5] – de que a graça volte a seu autor pelo mesmo canal por onde veio: "*Ut eodem alveo ad largitorem gratia redeat quo fluxit*".

É o que fazemos por meio de nossa devoção: oferecemos e consagramos à Santíssima Virgem tudo o que somos e tudo o que possuímos, a fim de que Nosso Senhor receba por sua mediação a glória e o reconhecimento que lhe devemos. Reconhecemo-nos indignos e incapazes de, por nós mesmos, aproximar-nos de sua majestade infinita; e por isso servimo-nos da intercessão da Santíssima Virgem.

143. Além disso, é uma prática de grande humildade, virtude que Deus ama acima de todas as outras. Uma alma que se eleva a si mesma, rebaixa Deus; Deus resiste aos soberbos e dá sua graça aos humildes (Tg 4,6). Se vos rebaixais crendo-vos indignos de aparecer diante dele e de vos aproximar dele, Ele desce, rebaixa-se para vir até vós, para comprazer-se em vós, e para vos elevar. Quando, porém, tentamos aproximar-nos atrevidamente de Deus, sem medianeiro, Deus se esquiva e não conseguimos atingi-lo. Oh! quanto Ele ama a humildade de coração. É a esta humildade que convida esta prática de devoção, pois ensina a não nos aproximarmos diretamente de Nosso Senhor, por misericordioso e doce que Ele seja, mas a nos servirmos sempre da intercessão da Santíssima Virgem tanto para comparecer diante de Deus, como para lhe falar, aproximar-nos dele, oferecer-lhe qualquer coisa, para nos unirmos ou nos consagrarmos a Ele.

---

5. "De Aquaeductu", n. 18.

ARTIGO III
Esta devoção nos proporciona as boas graças da Santíssima Virgem

§ I. Maria se dá a quem é seu escravo por amor.

144. *Terceiro motivo.* A Santíssima Virgem, Mãe de doçura e misericórdia, que jamais se deixa vencer em amor e liberalidade, vendo que alguém se lhe entrega inteiramente, para honrá-la e servir-lhe, despojando-se do que tem de mais caro para com isso adorná-la, entrega-se também inteiramente e de um modo inefável, a quem tudo lhe dá. Ela o faz imergir no abismo de suas graças, reveste-o de seus merecimentos, dá-lhe o apoio de seu poder, ilumina-o com sua luz, abrasa-o de seu amor, comunica-lhe suas virtudes: sua humildade, sua fé, sua pureza etc.; constitui-se seu penhor, seu suplemento, seu tudo para com Jesus. Como, enfim, essa pessoa consagrada é toda de Maria, Maria também é toda dela; de modo que se pode dizer desse perfeito servo e filho de Maria o que São João Evangelista diz de si próprio, que ele a tomou como um bem, para sua casa: *"Accepit eam discipulus in sua"* (Jo 19,27).

145. É isto que produz na alma fiel uma grande desconfiança, desprezo e ódio de si mesma, ao lado de uma confiança ilimitada na Santíssima Virgem, sua boa Senhora. Já não procura, como antes, o seu apoio em suas próprias disposições, intenções, méritos, virtudes e boas obras, pois, tendo sacrificado tudo a Jesus por esta boa Mãe, só lhe resta um tesouro que resume todos os seus bens e de que Ele não dispõe, e esse tesouro é Maria.

É o que o faz aproximar-se de Nosso Senhor, sem receio servil nem escrupuloso, e rezar com extrema confiança; é o que o faz adquirir os sentimentos do devoto e sábio abade Ruperto, o qual, aludindo à vitória de Jacob sobre um anjo (cf. Gn 32,24), dirige à

Santíssima Virgem estas belas palavras: "Ó Maria, minha princesa e Mãe Imaculada de Deus-homem, Jesus Cristo, é meu desejo lutar com este Homem, isto é, o Verbo divino, armado não com meus próprios méritos, mas com os vossos: *"O Domina, Dei Genitrix, Maria, et incorrupta Mater Dei et hominis, non meis, sed tuis armatus meritis, cum isto Viro, scilicet Verbo Dei, luctare cupio"*[6].

Oh! quão poderoso e forte é, para Jesus Cristo, quem está armado dos méritos e da intercessão da digna Mãe de Deus, que, como diz Santo Agostinho, venceu amorosamente o Todo-poderoso.

§ II. Maria purifica nossas boas obras, embeleza-as e as torna aceitáveis a seu Filho.

146. Esta bondosa Senhora purifica, embeleza e torna aceitáveis a seu Filho todas as nossas boas obras, porque, por esta devoção, as damos todas a Ele pelas mãos de sua Mãe Santíssima.

1º) Ela as purifica de toda mancha de amor-próprio e do apego imperceptível à criatura, apego que se insinua insensivelmente nas melhores ações. Desde que elas estão em suas mãos puríssimas e fecundas, estas mesmas mãos, que não foram jamais manchadas nem ociosas, e que purificam tudo que tocam, tiram do presente que lhe fazemos tudo que pode deteriorá-lo ou torná-lo imperfeito.

147. 2º) Ela embeleza nossas boas ações, ornando-as com seus méritos e virtudes. É como se um campônio, querendo ganhar a amizade do rei, se dirigisse à rainha, e lhe apresentasse uma maçã, que representasse todo o seu lucro, e lhe pedisse que a oferecesse ao rei. A rainha, acolhendo a pobre dádiva do camponês, punha-a no centro de grande e magnífico prato de ouro, e apresentava-a

---

6. *Rup., Prolog. in Cant.*

assim ao rei, da parte do ofertante. Nestas circunstâncias, a maçã, indigna por si mesma de ser oferecida ao rei, torna-se um presente digno de sua majestade, devido ao prato de ouro e à importância da pessoa que a apresenta.

148. 3º) Ela apresenta essas boas obras a Jesus Cristo, pois nada retém para si do que lhe ofertamos. Tudo remete fielmente a Jesus. Se algo lhe damos, damos necessariamente a Jesus. Se a louvamos e glorificamos, logo ela louva e glorifica a Jesus. Hoje como outrora, quando Santa Isabel a exaltou, ela canta, quando a louvamos e bendizemos: "*Magnificat anima mea Dominum...*" (Lc 1,46).

149. 4º) Faz Jesus aceitar essas boas obras, por pequeno e pobre que seja o presente que ofertamos ao Santo dos santos e Rei dos reis. Quando apresentamos alguma coisa a Jesus, de nossa própria iniciativa e apoiados em nossa própria capacidade e disposição, Jesus examina o presente, e muitas vezes o rejeita em vista das manchas que a dádiva contraiu do nosso amor-próprio, como antigamente rejeitou os sacrifícios dos judeus por estarem cheios de vontade própria. Quando, porém, lhe apresentamos algo pelas mãos puras e virginais de sua bem-amada, tomamo-lo pelo seu lado fraco, se me é permitida a expressão. Ele não considera tanto a oferta que lhe fazemos como sua boa Mãe que lha apresenta; não olha tanto a procedência do presente como a portadora. Deste modo, Maria, que nunca foi repelida, e, pelo contrário, foi sempre bem recebida, faz com que seja agradavelmente recebido pela Majestade divina tudo que lhe apresenta, pequeno ou grande: basta que Maria lho apresente para que Jesus o receba e acolha. Conselho valioso é o que dava São Bernardo aos que dirigia no caminho da perfeição: "Quando quiserdes oferecer qualquer coisa a Deus, tende o cuidado de oferecê-lo pelas mãos agradáveis e digníssimas de Maria, a menos que queirais ser rejeitados" – *Modicum quid offerre desideras, manibus Mariae offerendum tradere cura, si non vis sustinere repulsam*[1].

150. E, como vimos (n. 146), a própria natureza não inspira aos pequenos como agir em relação aos grandes? Por que não há de levar-nos a graça a fazer o mesmo em relação a Deus, que está infinitamente acima de nós, e diante do qual somos menos que átomos? tendo além disso uma advogada tão poderosa, que não foi jamais repelida; tão habilidosa que conhece os segredos para ganhar o Coração de Deus; tão boa e caridosa que não se esquiva a ninguém, por pequeno e mau que seja.

Referirei mais adiante a verdadeira figura das verdades que afirmo, na história de Jacob e Rebeca (cf. cap. VI).

ARTIGO IV
Esta devoção é um meio excelente de promover a maior glória de Deus

151. *Quarto motivo.* Esta devoção fielmente praticada é um excelente meio para fazer com que o valor de todas as nossas boas obras contribua para a maior glória de Deus. Quase ninguém age com este nobre intuito, apesar de a isto estarmos obrigados, ou porque não conhece em que consiste a maior glória de Deus, ou porque não a quer. Mas a Santíssima Virgem, a quem conferimos o valor de nossas boas obras, sabe perfeitamente em que consiste a maior glória de Deus, e nada faz que não contribua para este fim. Daí, um perfeito servo dessa amável Soberana, que a ela se consagrou inteiramente, como dissemos, pode dizer ousadamente que o valor de todas as suas ações, pensamentos e palavras, é

---

1. São Bernardo: "De Aquaeductu".

aproveitado para a maior glória de Deus, a não ser que revogue expressamente a intenção de sua oferta. Pode-se encontrar algo de mais consolador para uma alma que ama a Deus com um amor puro e desinteressado, e que preza mais a glória e os interesses de Deus, que os seus próprios interesses?

ARTIGO V
Esta devoção conduz à união
com Nosso Senhor

152. *Quinto motivo.* Esta devoção é um caminho *fácil, curto, perfeito e seguro* para chegar à união com Nosso Senhor, e nisto consiste a perfeição do cristão.

§ I. Esta devoção é um caminho fácil.

É um caminho fácil; é um caminho que Jesus Cristo abriu quando veio a nós, e no qual não há obstáculo que nos impeça de chegar a Ele. Pode-se, é verdade, chegar a Ele por outros caminhos; mas encontram-se muito mais cruzes e mortes estranhas, e muito mais empecilhos, que dificilmente se vencem. Será preciso passar por noites obscuras, por combates e agonias terríveis, escalar montanhas escarpadas, pisando espinhos agudos, atravessar desertos horríveis. Enquanto que pelo caminho de Maria passa-se com muito mais doçura e tranquilidade.

Aí se encontram, sem dúvida, rudes combates a travar, e dificuldades enormes para vencer. Mas esta boa Mãe e Senhora está sempre tão próxima e presente a seus fiéis servos, para alumiá-los em suas trevas, esclarecê-los em suas dúvidas, encorajá-los em seus receios, sustê-los em seus combates e dificuldades, que, em verdade, este caminho virginal, para chegar a Jesus Cristo é um caminho de rosas e de mel, em vista de outros caminhos. Houve alguns santos, mas em pequeno número, como Santo Efrém, São João Damasceno, São Bernardo, São Bernardino, São Boaventura, São Francisco de Sales etc., que trilharam este caminho ameno para ir a Jesus Cristo, porque o Espírito Santo, esposo fiel de Maria, o indicou a eles por uma graça especial; os outros santos, porém, que são em muito maior número, embora tenham tido devoção à Santíssima Virgem, não entraram, ou entraram muito pouco, nesta via. E por isso tiveram de arrostar provas bem mais rudes e mais perigosas.

153. A que atribuir, então – dirá algum fiel servidor desta boa Mãe –, que seus servos tenham de enfrentar tantas ocasiões de sofrer, e mais que os outros que não lhe são devotos? Contradizem-nos, perseguem-nos, caluniam-nos, não os suportam[1]; ou, então, andam em trevas interiores, e em aridez de deserto onde não pinga nem uma gota de orvalho celeste. Se esta devoção torna mais fácil o caminho que conduz a Jesus Cristo, donde vem que eles são tão desprezados?

154. Respondo-lhes que é bem verdade que os mais fiéis servos da Santíssima Virgem, porque são seus grandes favoritos, recebem dela as maiores graças e favores do céu, isto é, as cruzes; mas sustento que são também os servidores de Maria que levam estas cruzes com mais facilidade, mérito e glória; e mais que, onde outro qualquer pararia mil vezes e até cairia, eles não se detêm e, ao contrário, avançam sempre, porque esta boa Mãe, cheia de graça e unção do Espírito Santo, adoça todas as cruzes que para eles talha, no mel de sua doçura maternal e na unção do puro amor;

---

1. "Servientes tibi plus aliis invadunt dracones inferni" (SÃO BOAVENTURA. *Psalter. maius B.V.*, S1 118).

deste modo, eles as suportam alegremente, como nozes confeitadas, que, de natureza, são amargas. E creio que uma pessoa que quer ser devota e viver piedosamente em Jesus Cristo, e, por conseguinte, sofrer perseguições e carregar todos os dias sua cruz, não carregará nunca grandes cruzes, ou não as carregará alegremente até ao fim, sem uma terna devoção à Santíssima Virgem, que torna doces as cruzes; do mesmo modo que uma pessoa não poderia, sem uma grande violência, impossível de manter indefinidamente, comer nozes verdes que não fossem saturadas de açúcar.

§ II. Esta devoção é um caminho curto.

155. Esta devoção à Santíssima Virgem é um caminho *curto*[2] para encontrar Jesus Cristo, seja porque dele não nos extraviamos, seja porque, como acabo de dizer, nele marchamos com mais alegria e facilidade, e, consequentemente, com mais prontidão. Avançamos mais, em pouco tempo de submissão e dependência a Maria, do que em anos inteiros de vontade própria e contando apenas com o próprio esforço; pois o *homem obediente* e submisso a Maria Santíssima *cantará vitórias* (Pv 21,28) assinaladas sobre seus inimigos. Estes hão de querer impedi-lo de avançar, ou obrigá-lo a recuar, ou derrubá-lo; mas, apoiado, auxiliado e guiado por Maria, ele, sem cair, sem recuar, sem mesmo se atrasar, avançará a passos de gigante em direção a Jesus Cristo, pelo mesmo caminho, que, como está escrito (Sl 18,6), Jesus trilhou para vir a nós em largos passos e em pouco tempo.

156. Por que viveu Jesus Cristo tão pouco sobre a terra, e por que esses poucos anos que aqui viveu passou-os quase todos em submissão e obediência a sua Mãe? Ah! é que, tendo vivido pouco,

---

2. "Tu es via compendiosa in caelo" (SÃO BERNARDO. *Laudes glor. Virginis*). • Cf. "Recta et tanquam compendiaria via ad Iesum per Mariam itur" (BENTO XV. *Epist. ad R.P.D. Schoepfer*. – AAS 1914, p. 515).

encheu a carreira de uma longa vida (Sb 4,13); viveu longamente e mais do que Adão, do qual veio reparar as perdas, embora este tenha vivido mais de novecentos anos; e Jesus Cristo viveu longamente, porque viveu bem submisso e bem unido a sua Mãe Santíssima, para obedecer a Deus seu Pai; pois: 1º) aquele que honra sua mãe assemelha-se a um homem que entesoura, diz o Espírito Santo, isto é, aquele que honra a Maria, sua Mãe, ao ponto de submeter-se a ela e obedecer-lhe em tudo, em breve se tornará rico, pois acumula tesouros todos os dias, pelo segredo desta pedra filosofal: *"Qui honorat matrem, quasi qui thesaurizat"* (Eclo 3,5); 2º) porque, conforme uma interpretação espiritual da palavra do Espírito Santo: *"Senectus mea in misericordia uberi*, – Minha velhice se encontra na misericórdia do seio" (Sl 91,11), é no seio de Maria, que "envolveu e gerou um homem perfeito" (cf. Jr 31,22), e que "teve a capacidade de conter aquele que o universo todo não compreende nem contém"[3], é no seio de Maria que os jovens envelhecem em luz, em santidade, em experiência e em sabedoria, e onde, em poucos anos, se atinge a plenitude da idade de Jesus Cristo.

§ III. Esta devoção é um caminho perfeito.

157. Esta prática de devoção à Santíssima Virgem é um caminho *perfeito* para ir e unir-se a Jesus Cristo, pois Maria é a mais perfeita e a mais santa das criaturas, e Jesus Cristo, que veio perfeitamente a nós, não tomou outro caminho em sua grande e admirável viagem. O Altíssimo, o Incompreensível, o Inacessível, aquele que é, quis vir a nós, pequenos vermes da terra, que nada somos. Como se fez isto? O Altíssimo desceu perfeita e divinamente até nós por meio da humilde Maria, sem nada perder de

---

3. Cf. Gradual da Missa da Santíssima Virgem (de Pentecostes ao Advento); 1º Responso do Ofício da Santíssima Virgem.

sua divindade e santidade; e é por Maria que os pequeninos devem subir perfeita e divinamente ao Altíssimo sem recear coisa alguma. O Incompreensível deixou-se compreender e conter perfeitamente por Maria, sem nada perder de sua imensidade; é também pela pequena Maria que devemos deixar-nos conduzir e conter perfeitamente sem a menor reserva. O Inacessível aproximou-se, uniu-se estreitamente, perfeitamente e até pessoalmente à nossa humanidade por meio de Maria, sem perder uma parcela de sua majestade; é também por Maria que devemos aproximar-nos de Deus e unir-nos a sua majestade, perfeita e estreitamente, sem temor de repulsa. Aquele que é quis, enfim, vir ao que não é, e fazer que aquele que não é se torne Deus ou aquele que é. E Ele o fez perfeitamente, dando-se e submetendo-se inteiramente à Virgem Maria sem deixar de ser no tempo aquele que é na eternidade; outrossim, é por Maria que, se bem que sejamos nada, podemos tornar-nos semelhantes a Deus, pela graça e pela glória, dando-nos a ela tão perfeita e inteiramente, que nada sejamos em nós mesmos e tudo nela, sem receio de nos enganar.

158. Ainda que me apresentem um caminho novo para ir a Jesus Cristo, e que esse caminho seja pavimentado com todos os merecimentos dos bem-aventurados, ornado de todas as suas virtudes heroicas, iluminado e decorado de todas as luzes e belezas dos anjos, e que todos os anjos e santos lá estejam para conduzir, defender e amparar aqueles e aquelas que o quiserem palmilhar; em verdade, em verdade, digo ousadamente, e digo a verdade, eu havia de preferir a este, tão perfeito, o caminho imaculado de Maria: *"Posui immaculatam viam meam"* (S1 18,33), via ou caminho sem a menor nódoa ou mancha, sem pecado original ou atual, sem sombras nem trevas; e quando meu amável Jesus vier, em sua glória, uma segunda vez à terra (como é certo) para aqui reinar, o caminho que escolherá será Maria Santíssima, o mesmo pelo qual ele veio com segurança e perfeitamente a primeira vez. A diferença entre a primeira e a última vinda é que a primeira foi secreta e oculta, e a segunda será gloriosa e retumbante; ambas, porém, são perfeitas, porque, como a primeira, também a segunda será por Maria. Eis um mistério que não podemos compreender: "*Hic taceat omnis lingua*".

§ IV. Esta devoção é um caminho seguro.

159. Esta devoção à Santíssima Virgem é um caminho *seguro* para irmos a Jesus Cristo e adquirirmos a perfeição, unindo-nos a ele:

1º) Porque esta prática, preconizada por mim, não é nova; é tão antiga, que não se pode, como diz Boudon[4], em um livro que escreveu sobre esta devoção, determinar-lhe com toda a precisão os começos. Em todo caso é certo que há mais de 700 anos encontram-se vestígios dela na Igreja[5].

Santo Odilon, abade de Cluni, que viveu cerca do ano 1040 foi um dos primeiros que a praticaram na França, conforme está anotado em sua vida.

O Cardeal Pedro Damião[6] refere que em 1016 o bem-aventurado Marinho, seu irmão, se fez escravo da Santíssima Virgem, em presença de seu diretor e de um modo bem edificante: pôs a corda ao pescoço, tomou a disciplina, e depositou sobre o altar uma quantia de dinheiro como sinal de seu devotamento e consagração

---

4. Henri-Marie Boudon, doutor em teologia, falecido em odor de santidade, em 1702, como arcediago de Evreux. Autor do livro intitulado "A santa escravidão da admirável Mãe de Deus", e de outras obras, todas impregnadas de uma ardente devoção à Santíssima Virgem.
5. O santo Rei Dagoberto II (século VII) consagrou-se assim à Santíssima Virgem, na qualidade de escravo (apud KRONENBURG. *Maria's Heerlikheid*, 1, 98). O mesmo fez o Papa João VII (701-707).
6. Declarado "doutor da Igreja" por Leão XII.

à Santíssima Virgem; e assim continuou tão fielmente, que, na hora da morte, mereceu ser visitado e consolado por sua boa Soberana, de cujos lábios recebeu as promessas do paraíso em recompensa de seus serviços.

Cesário Bollando menciona um ilustre cavaleiro, Vautier de Birbak, parente chegado dos duques de Lovaina, que, aí pelo ano 1300, fez esta consagração à Santíssima Virgem.

Esta devoção foi praticada por muitos particulares até ao século XVII, quando se tornou pública.

160. O Padre Simão de Roias da Ordem da Trindade, também chamada da redenção dos cativos, pregador do Rei Filipe III, pôs em voga esta devoção em toda a Espanha (em 1611) e na Alemanha[7]; a instâncias de Filipe III, obteve de Gregório XV grandes indulgências para aqueles que a praticassem.

O padre de Los Rios, da Ordem de Santo Agostinho, aplicou-se com seu íntimo amigo, o padre de Roias, a espalhar esta devoção por toda a Espanha e Alemanha, o que fez por seus escritos e pregações. Compôs um grosso volume intitulado *Hierarquia Mariana*[8], no qual trata, com piedade e erudição, da Antiguidade, da excelência e da solidez desta devoção.

161. Os reverendos padres teatinos estabeleceram esta devoção na Itália, na Sicília e na Saboia, no século XVII.

O Rev. Pe. Estanislau Falácio, da Companhia de Jesus, incrementou maravilhosamente esta devoção na Polônia[9].

O Rev. Pe. Cornélio a Lápide, recomendável tanto por sua piedade como por seu profundo saber, tendo recebido de vários

---

7. O próprio Imperador Fernando II fez esta consagração com toda a sua corte, em 1640.
8. Editado em Antuérpia em 1641.
9. O rei da Polônia Wladislaf encarregou os jesuítas de pregá-la em seu reino.

bispos e teólogos a incumbência de dar seu parecer sobre esta devoção, examinou-a acuradamente e teceu-lhe louvores dignos de sua piedade, e seu exemplo foi seguido por muitas outras pessoas importantes.

Os reverendos padres jesuítas, sempre zelosos do serviço da Santíssima Virgem, apresentaram ao Duque Fernando da Baviera, em nome dos congreganistas de Colônia, um pequeno tratado desta devoção[10]. O duque, que era, então, arcebispo de Colônia, deu-lhe sua aprovação e a permissão de imprimi-lo, exortando todos os curas e religiosos de sua diocese de propagar, quanto pudessem, esta sólida devoção.

162. O cardeal de Bérulle, cuja memória é abençoada por toda a França, foi um dos mais zelosos em espalhar esta devoção, apesar de todas as calúnias e perseguições que lhe levantaram e moveram os críticos e os libertinos. Acusaram-no de inventar novidade e superstição; escreveram e publicaram contra ele um panfleto difamatório, e serviram-se, ou antes o demônio, por seu ministério, de mil estratagemas para impedi-lo de divulgar na França esta devoção. Mas o grande e santo homem só opôs a suas calúnias uma inalterável paciência, e às suas objeções, contidas no tal libelo, um pequeno escrito em que as refuta energicamente, demonstrando que esta devoção é fundada no exemplo de Jesus Cristo, nas obrigações que lhe devemos, e nos votos que fizemos no santo batismo; e é especialmente com esta última razão que ele fecha a boca a seus adversários, fazendo ver que esta consagração à Santíssima Virgem e a Jesus Cristo por suas mãos, nada mais é que uma perfeita renovação das promessas do batismo. Diz, enfim, muitas coisas belas que se pode ler em suas obras.

---

10. Intitulado "Mancipium Virginis" – A escravidão da Virgem. Colônia, 1634.

163. No livro de Boudon, já citado (n. 150), encontram-se os nomes dos papas que aprovaram esta devoção, dos teólogos que a examinaram, pode-se ler das perseguições que lhe suscitaram e que venceu, e dos milhares de pessoas que a abraçaram, sem que jamais papa algum a tenha condenado; nem seria possível fazê-lo sem derrubar os fundamentos do cristianismo.

Fica, portanto, de pé que esta devoção não é nova, e que não é comum, por ser preciosa demais para ser apreciada e praticada por todo mundo.

164. 2º) Esta devoção é um meio seguro para ir a Jesus Cristo, porque pertence à Santíssima Virgem e lhe é próprio conduzir-nos a Jesus Cristo, como compete a Jesus Cristo conduzir-nos ao Pai celestial. E não creiam erroneamente as pessoas espirituais que Maria seja um empecilho no caminho que conduz à união divina. Pois seria possível que aquela que achou graça diante de Deus para o mundo todo em geral, e para cada um em particular, fosse um empecilho a uma alma que busca a grande graça da união com Ele? Seria possível que aquela que tem sido cheia e superabundante de graças, e tão unida e transformada em Deus, a ponto de Ele encarnar-se nela, impedisse uma alma de ficar perfeitamente unida a Deus?

É verdade que a vista de outras criaturas, ainda que santas, poderia, talvez, em certos tempos, retardar a união divina; mas não Maria, como já disse e direi sempre sem me cansar. Uma das razões por que tão poucas almas atingem a plenitude da idade de Jesus Cristo, é que Maria, a Mãe do Filho e a Esposa do Espírito Santo, não está suficientemente formada nos corações. Quem quiser o fruto bem maduro e formado deve ter a árvore que o produz;

quem quer possuir o fruto de vida, Jesus Cristo, deve ter a árvore da vida, que é Maria. Quem quiser ter em si a operação do Espírito Santo, deve ter sua Esposa fiel e inseparável, Maria Santíssima, que o torna fértil e fecundo, como já dissemos alhures (n. 20-21).

165. Persuadi-vos, portanto, de que quanto mais contemplardes Maria em vossas orações, meditações, ações e sofrimentos, se não de um modo distinto e perceptível, ao menos geral e imperceptível, tanto mais perfeitamente encontrareis Jesus Cristo, que, com Maria, é sempre grande, poderoso, ativo e incompreensível, e muito mais que no céu e em qualquer criatura do universo. Assim, Maria Santíssima, toda abismada em Deus, está longe de tornar-se um obstáculo aos perfeitos no seu caminho para chegar à união com Deus, e, bem ao contrário, não houve até hoje, nem haverá nunca criatura que nos auxilie mais eficazmente do que ela nesta grande obra, seja pelas graças que para este efeito vos comunicará, pois ninguém fica cheio do pensamento de Deus se não for por ela, diz um santo[11]: *"Nemo cogitatione Dei repletur nisi per te"*; seja pelas ilusões e trapaças do espírito maligno contra o qual ela vos garantirá.

166. Onde está Maria, não entra o espírito maligno; e um dos sinais mais infalíveis de que se está sendo conduzido pelo bom espírito é a circunstância de ser muito devoto de Maria, de pensar nela muitas vezes, e de falar-lhe frequentemente. É esta a opinião de um santo[12] que acrescenta que, como a respiração é sinal inconfundível de que o corpo não está morto, o pensamento assíduo e a invocação amorosa de Maria é um sinal certo de que a alma não está morta pelo pecado.

---

11. SÃO GERMANO DE CONSTANTINOPLA. *Sermo 2 in Dormit.*
12. Id. *Orat. in Encaenia veneranda aedis B.V.*

167. Maria sozinha esmagou e exterminou as heresias, diz a Igreja com o Espírito Santo que a conduz: *"Sola cunctas haereses interemisti in universo mundo"*[13]; e embora os críticos resmunguem contra esta afirmação, jamais um fiel devoto de Maria cairá na heresia ou na ilusão, pelo menos formal; poderá errar materialmente, tomar a mentira por verdade, e o espírito maligno pelo bom, e isto mesmo não tão facilmente como outro qualquer. Mais cedo ou mais tarde, porém, reconhecerá sua falta e seu erro material, e, quando o reconhecer, não teimará de modo algum em crer e sustentar o que tomara por verdade.

168. Qualquer pessoa, portanto, sem receio de ilusão comum às pessoas de oração, que quiser avançar no caminho da perfeição e achar segura e perfeitamente Jesus Cristo, abrace de todo o coração, *"corde magno et animo volenti"* (2Mc 1,3), esta devoção à Santíssima Virgem, que talvez ainda desconheça. Entre neste caminho excelente que não conhecia e que eu lhe mostro (1Cor 12,31). É um caminho trilhado por Jesus Cristo, a Sabedoria encarnada, nosso único chefe. Os fiéis que o trilharem não podem estar enganados.

É um caminho *fácil* devido à plenitude da graça e da unção do Espírito Santo, de que está cheio: ninguém, que marche neste caminho, se cansa, nem recua. É um caminho *curto* que em pouco tempo nos leva a Jesus Cristo. É um caminho *perfeito*, onde não há lama, nem poeira, nem a menor sujeira do pecado. É, enfim, um caminho *seguro* que, de um modo reto e garantido, sem voltas para a direita ou para a esquerda, nos conduz a Jesus Cristo e à

---

13. Ofício da Santíssima Virgem, 1ª antífona do 3º noturno.

vida eterna. Entremos, portanto, neste caminho, e marchemos dia e noite, até à plenitude da idade de Jesus Cristo (cf. Ef 4,13).

ARTIGO VI
Esta devoção dá uma grande liberdade interior

169. *Sexto motivo.* Esta prática de devoção dá, às pessoas que a praticam fielmente, uma grande liberdade interior, que é a liberdade dos filhos de Deus (cf. Rm 8,21). Visto que, por esta devoção, nos tornamos escravos de Jesus Cristo, consagrando-nos todo a Ele nesta condição, este bom Mestre, em recompensa do cativeiro por amor a que nos submetemos, tira, primeiro, à alma todo escrúpulo e temor servil, que a constrangem, escravizam e perturbam; segundo, alarga o coração por uma santa confiança em Deus, fazendo-o considerá-lo como Pai; terceiro, inspira-lhe um amor terno e filial.

170. Sem me deter em amontoar razões para provar esta verdade, contento-me de citar uma passagem histórica que li na vida da Madre Inês de Jesus, religiosa jacobina[1] do convento de Langeac em Auvergne, a qual morreu em odor de santidade nesse mesmo lugar, em 1634. Não tinha ela ainda sete anos, quando, uma ocasião, sofrendo tormentos de espírito, ouviu uma voz que lhe disse que, se ela quisesse livrar-se de todos os seus sofrimentos e ser protegida contra todos os seus inimigos, se fizesse quanto antes escrava de Jesus e de sua Mãe Santíssima. Mal chegou em casa, entregou-se inteiramente a Jesus e Maria, como lhe aconselhara

---

1. Até à Revolução Francesa os religiosos da Ordem de São Domingos eram chamados jacobinos, do nome da igreja de Saint-Jacques (São Tiago) em Paris, perto da qual a Ordem se estabeleceu.

a voz, embora não soubesse antes em que consistia esta devoção; e, tendo encontrado uma corrente de ferro, cingiu-se com ela os rins e a usou até à morte. Depois desse ato todas as suas penas e escrúpulos cessaram, e ela se achou numa grande paz e bem-estar de coração, e isto a levou a ensinar esta devoção a muitas outras pessoas, que fizeram grandes progressos, entre outros, a M. Olier, que instituiu o seminário de São Sulpício, e a muitos outros padres e eclesiásticos do mesmo seminário... Um dia a Santíssima Virgem lhe apareceu e lhe pôs ao pescoço uma cadeia de ouro para lhe testemunhar a alegria de tê-la como escrava de seu Filho e sua; e Santa Cecília, que acompanhava a Santíssima Virgem, lhe disse: Felizes os fiéis escravos da Rainha do céu, pois gozarão da verdadeira liberdade: "*Tibi servire libertas*".

ARTIGO VII
Nosso próximo aufere grandes bens desta devoção

171. *Sétimo motivo*. O que pode ainda nos levar a abraçar esta devoção são os grandes bens que por ela receberá nosso próximo. Pois, praticando-a, exercemos para com ele a caridade de uma maneira eminente, já que lhe damos pelas mãos de Maria o que temos de mais caro, isto é, o valor satisfatório o impetratório de todas as nossas boas obras, sem excetuar o menor dos bons pensamentos e o mais leve sofrimento; consentimos em que tudo que adquirimos, e que havemos de adquirir de satisfações, seja, até à hora da morte, empregado conforme a vontade da Santíssima Virgem, à conversão dos pecadores ou à libertação das almas do purgatório.

Não é isto amar perfeitamente o próximo? Não é este o verdadeiro discípulo de Jesus Cristo, que se reconhece pela caridade? (Jo 13,35). Não é este o meio de converter os pecadores, sem temer a vaidade, e de livrar as almas do purgatório, sem fazer quase nada mais do que aquilo a que cada um está obrigado em seu estado?

172. Para conhecer a excelência deste motivo, seria preciso conhecer o bem que é converter um pecador ou livrar uma alma do purgatório: bem infinito, maior que criar o céu e a terra[1], pois que é dar a uma alma a posse de Deus. Mesmo que, por esta prática, não se livrasse mais que uma alma do purgatório, ou se convertesse apenas um pecador, não seria isto bastante para induzir todo homem verdadeiramente caridoso a abraçá-la?

É preciso notar ainda que nossas boas obras, passando pelas mãos de Maria, recebem um aumento de pureza, e, por conseguinte, de mérito e de valor satisfatório e impetratório; por isso elas se tornam muito mais capazes de aliviar as almas do purgatório e de converter os pecadores do que se não passassem pelas mãos virginais e liberais de Maria. O pouco que damos pela Santíssima Virgem, sem vontade própria, e por uma desinteressada caridade, torna-se, em verdade, bem mais potente para abrandar a cólera de Deus e atrair sua misericórdia; e há de verificar-se à hora da morte que uma pessoa fiel a esta prática terá, por este meio, libertado inúmeras almas do purgatório, e convertido muitos pecadores, conquanto só tenha feito as ações comuns e ordinárias do seu estado. Que alegria haverá em seu julgamento! Que glória na eternidade!

ARTIGO VIII
Esta devoção é um meio admirável de perseverança

173. *Oitavo motivo.* Finalmente, o motivo mais poderoso, que, de certo modo, nos induz a esta devoção à Santíssima Virgem, é

---

1. SANTO AGOSTINHO. *Tract. 72 in Ioann. a medio.*

constituir um meio admirável para perseverar na virtude e ser fiel. Como se explica que a maior parte das conversões dos pecadores não seja durável? Donde vem a facilidade de recair no pecado? Por que a maior parte dos justos, ao invés de avançar de virtude em virtude e adquirir novas graças, perdem muitas vezes o pouco de virtudes e graças que tinham? Esta infelicidade provém, como já o demonstrei (cf. n. 87-89), de que o homem, sendo tão corrompido, tão fraco e tão inconstante, fia-se em si próprio, e crê-se capaz de guardar o tesouro de suas graças, virtudes e méritos.

Por esta devoção confiamos à Santíssima Virgem, fiel por excelência, tudo o que possuímos; tomamo-la por depositária universal de todos os bens da natureza e da graça. É em sua fidelidade que confiamos, no seu poder que nos apoiamos, em sua misericórdia e caridade que nos baseamos, para que ela conserve e aumente nossas virtudes e méritos, a despeito do demônio, do mundo e da carne, que envidam todos os esforços para no-los arrebatar. Dizemos-lhe como um bom filho a sua mãe: "*Depositum custodi*" (1Tm 6,20), isto é, minha boa Mãe e Soberana, reconheço que até ao presente muito mais graças tenho de Deus recebido por vossa intercessão do que mereço, e minha funesta experiência me ensina que bem frágil é o vaso em que guardo esse tesouro, e que por demais fraco e miserável eu sou, para conservá-lo em mim: "*adolescentulus sum ergo et contemptus*" (Sl 118,141); recebei em depósito tudo o que possuo, e conservai-mo por vossa fidelidade e vosso poder. Se me guardardes, nada perderei; se me sustentardes, não cairei; se me protegerdes, estarei a salvo de meus inimigos.

174. É o que diz São Bernardo para inspirar-nos esta prática: "Enquanto Maria vos sustenta, não caís; enquanto vos protege, não temeis; enquanto vos conduz, não vos fatigais; e, sendo-vos propícia, chegareis ao porto de salvação: *Ipsa tenente, non corruis; ipsa protegente, non metuis; ipsa duce, non fatigaris; ipsa propitia,* *pervenis*"[1]. O mesmo parece dizer São Boaventura em termos ainda mais claros: a Santíssima Virgem, diz ele, está não só detida na plenitude dos santos, mas também guarda e detém os santos na plenitude para que esta não diminua; impede que suas virtudes se dissipem, que seus méritos pereçam, que se percam suas graças, que os prejudiquem os demônios; impede, por fim, que Nosso Senhor castigue os pecadores: "*Virgo non solum in plenitudine sanctorum detinetur, sed etiam in plenitudine sanctos detinet, ne plenitudo minuatur; detinet virtutes ne fugiant; detinet merita ne pereant; detinet gratias ne effluant; detinet daemones ne noceant; detinet Filium ne peccatores percutiat*"[2].

175. A Santíssima Virgem é a Virgem fiel que, por sua fidelidade a Deus, repara as perdas que Eva infiel causou por sua infidelidade, e que obtém de Deus a fidelidade e a perseverança para aqueles que a ela se apegam. Por isso um santo a compara à âncora firme, porque os retém e impede de soçobrar no mar agitado deste mundo, onde tantas pessoas naufragam por não se firmarem nesta âncora inabalável. "Prendemos, diz ele, as almas à vossa esperança, como a uma âncora firme: *Animas ad spem tuam sicut ad firmam anchoram alligamus*"[3]. Foi a ela que os santos mais se agarraram, e prenderam os outros, com o fito de perseverar na virtude. Felizes, mil vezes felizes os cristãos que agora se apegam fiel e inteiramente a ela, como a uma âncora firme. Os arrancos da tempestade deste mundo não os farão submergir, nem perder os tesouros celestes. Bem-aventurados os que nela buscam abrigo como na arca de Noé. As águas do dilúvio de pecados, que afogam tanta gente, não lhes farão mal, pois: "*Qui operantur in me non peccabunt*" – os que se guiam por mim não pecarão (Eclo 24,30), diz ela com a

---

1. Homilia 2 super "*Missus est*" n. 17.
2. *Speculum B.V.*, lect. VII, § 6.
3. SÃO JOÃO DAMASCENO. *Sermo 1 in Dormitione B.M.V.*

Sabedoria. Bem-aventurados os filhos infiéis da desgraçada Eva que se apegam à Mãe e Virgem fiel, que permanecem sempre fiéis e que não faltam jamais à sua palavra: *"Fidelis permanet, se ipsam negare non potest"*[4], e que ama aqueles que a amam: *"Ego diligentes me diligo"* (Pr 8,17), não só de um amor afetivo, mas de um amor efetivo e eficaz, impedindo-os, por uma grande abundância de graças, de recuar na virtude, ou de cair no caminho, perdendo a graça de seu Filho.

176. Esta boa Mãe recebe sempre, por pura caridade, tudo que lhe entregamos em depósito; e, desde que ela o recebeu como depositária, é obrigada por justiça, em virtude do contrato de depósito, a guardá-lo para nós; do mesmo modo que uma pessoa, a quem eu confiasse mil escudos, seria obrigada a guardá-los para mim, de tal modo que se, por sua negligência, meus mil escudos se perdessem, seria ela, com justiça, a responsável. Mas isto não acontece, pois Maria, a Virgem fiel, jamais deixaria se perder, por sua negligência, o que lhe tivéssemos confiado. Antes passarão o céu e a terra do que ela ser negligente e infiel para com aqueles que dela se fiam.

177. Pobres filhos de Maria! extrema é vossa fraqueza, grande, vossa inconstância, viciado, o vosso íntimo! Sois, eu o confesso, da mesma massa corrompida que os filhos de Adão e Eva; mas não percais por isso a coragem; consolai-vos, regozijai-vos: eis o segredo que vos ensino, segredo desconhecido de quase todos os cristãos, até dos mais devotos.

Não deixeis vosso ouro e vossa prata nos cofres, já forçados pelo espírito maligno que vos roubou, cofres por demais exíguos e

---

4. Aplicação à Santíssima Virgem das palavras de São Paulo: 2Tm 2,13.

fracos e velhos para conter um tesouro tão grande e tão precioso. Não depositeis a água pura e cristalina da fonte em vossos vasos manchados e infeccionados pelo pecado. Pode ser que o pecado aí já não esteja, mas o odor permanece ainda e a água ficará contaminada. Não despejeis vosso vinho fino em velhos tonéis que já contiveram vinho ordinário: ficará estragado e o perdereis.

178. Embora me entendais, almas predestinadas, falo mais abertamente. Não confieis o ouro de vossa caridade, a prata de vossa pureza, as águas das graças celestes, nem os vinhos de vossos méritos e virtudes a um saco roto, a um cofre velho e quebrado, a um vaso contaminado e corrompido, como vós sois; porque sereis pilhados pelos ladrões, isto é, os demônios, que buscam e espreitam, noite e dia, o momento próprio para o ataque; estragareis, com o mau odor do amor-próprio, da confiança própria e da vontade própria, tudo o que Deus vos dá de mais puro.

Depositai, derramai no seio e no coração de Maria todos os vossos tesouros, todas as vossas graças e virtudes. Maria é um vaso espiritual, um vaso honorífico, um vaso insigne de devoção: "*Vas spirituale, vas honorabile, vas insigne devotionis*". Depois que aí se encerrou o próprio Deus em pessoa, com todas as suas perfeições, este vaso tornou-se todo espiritual, e a morada espiritual das almas mais espirituais. Tornou-se honorável, e o trono de honra dos maiores príncipes da eternidade. Tornou-se insigne na devoção e a morada dos mais ilustres em doçura, em graças e virtudes. Tornou-se, enfim, rico como uma casa de ouro, forte como a torre de Davi, puro como uma torre de marfim.

179. Oh! quão feliz é o homem que tudo deu a Maria e que nela confia em tudo e por tudo. Ele é todo de Maria e Maria é toda dele. Pode dizer afoitamente com David: "*Haec facta est mihi*: Maria foi feita para mim" (Sl 118,56); ou com o discípulo amado: "*Accepi eam in mea*" (Jo 19,27) – Eu a tomei como toda a minha riqueza; ou com o próprio Jesus Cristo: "*Omnia mea tua sunt, et omnia tua mea sunt*: Todas as minhas coisas são tuas, e as tuas são minhas" (Jo 17,10).

180. Se algum crítico, ao ler isto, achar que falo exageradamente e por excesso de devoção, infeliz dele, pois não me compreende, ou por ser um homem carnal que não aprecia as coisas do espírito, ou por ser do mundo que não pode receber o Espírito Santo, ou, ainda, por ser orgulhoso e crítico, que condena e despreza o que não entende. As almas, porém, que não nasceram do sangue nem da vontade da carne (Jo 1,13) mas de Deus e de Maria, me compreendem e apreciam; e é para elas, afinal, que eu escrevo.

181. Digo, entretanto, para uns e outros, voltando ao assunto interrompido, que Maria Santíssima, porque é a mais honesta e a mais generosa de todas as puras criaturas, não se deixa vencer jamais em amor e liberalidade. E por um ovo, diz um santo homem ela dá um boi, isto é, por pouco que lhe demos ela dá mais do que recebeu de Deus; e, por conseguinte, se uma alma se lhe entrega sem reserva, ela se dá a esta alma também sem reserva, se nela depositamos toda a nossa confiança, trabalhando de nosso lado em adquirir as virtudes e domar as paixões.

182. Que os fiéis servidores de Maria digam, pois, ousadamente com São João Damasceno: "Tendo confiança em vós, ó Mãe de Deus, serei salvo; tendo vossa proteção, não temerei; com vosso auxílio, combaterei os meus inimigos e os porei em fuga; pois vossa devoção é uma arma de salvação que Deus dá a quem quer salvar: *Spem tuam habens, o Deipara, servabor; defensionem tuam possidens, non timebo; persequar inimicos meos et in fugam vertam, habens protectionem tuam* et *auxilium tuum; nam tibi devotum esse est arma quaedam salutis quae Deus his dat quos vult salvos fieri*" (Sermo de Annunc).

Capítulo
VI

Figura bíblica desta perfeita devoção: Rebeca e Jacó

183. De todas as verdades que acabo de descrever em relação à Santíssima Virgem, o Espírito Santo nos apresenta, na Sagrada Escritura (Gn 27), uma figura admirável na história de Jacó, o qual recebeu a bênção de Isaac, graças à solicitude e engenho de sua mãe Rebeca.

Ei-la tal como a conta o Espírito Santo. Em seguida ajuntarei a explicação.

ARTIGO I
Rebeca e Jacó

§ I. História de Jacó.

184. Esaú vendera a Jacó seu direito de primogenitura. Anos depois, Rebeca, mãe dos dois irmãos, assegurou a Jacó, – que ela amava ternamente –, as vantagens daquele privilégio, empregando, para isto, uma astúcia santa e cheia de mistério. Pois Isaac, sentindo-se extremamente velho, quis, antes de morrer, abençoar seus filhos, e, chamando Esaú, o preferido, ordenou-lhe que fosse caçar algo para ele comer. Depois o abençoaria. Rebeca, prontamente, pôs Jacó ao corrente do que se passava, e disse-lhe que fosse buscar dois cabritos no rebanho. Assim que ele lhos trouxe, ela os preparou do modo que Isaac mais gostava. Em seguida, com as vestes de Esaú, que ela guardava, vestiu Jacó e com as peles dos cabritos envolveu-lhe o pescoço e as mãos, a fim de que Isaac, que não podia ver, acreditasse, tateando-lhe as mãos, que fosse Esaú, embora ouvindo a Voz de Jacó. Isaac, com efeito, ficou surpreso ao ouvir a voz que ele reconhecia como a de Jacó, mas, fazendo-o aproximar-se e tateando-lhe os pelos que cobriam as mãos do filho, murmurou: Em verdade a voz é de Jacó, mas as mãos são de Esaú. E, convencido, comeu. Em seguida, ao beijar Jacó sentiu a fragrância das roupas de Esaú, o que acabou por dissipar-lhe as dúvidas. Abençoou-o, então, e desejou-lhe o orvalho do céu e a fecundidade da terra; estabeleceu-o senhor de todos os seus irmãos, e terminou a bênção com estas palavras: "Aquele que te amaldiçoar seja amaldiçoado, e aquele que te abençoar seja cumulado de bênçãos".

Apenas Isaac acabara de falar, entrou Esaú trazendo um guisado da caça que abatera, e o apresentou ao pai, pedindo-lhe que comesse e em seguida o abençoasse. O santo patriarca ficou extremamente surpreendido, ao ficar ciente do engano, mas, longe de retratar o que fizera, confirmou-o, pois reconhecia no fato, evidentemente, o dedo de Deus. Então Esaú, como observa a Sagrada Escritura, gritou com grande clamor, e acusando em altas vozes o embuste de seu irmão, perguntou ao pai se ele não tinha outra bênção. Neste ponto, notam os Santos Padres, ele era a imagem dos que facilmente conciliam Deus com o mundo, querendo gozar ao mesmo tempo as consolações do céu e as da terra. Isaac, comovido pelos gritos de Esaú, abençoou-o, enfim, mas a bênção que lhe deu foi uma bênção terrena, sujeitando-o ao irmão. Por isso Esaú concebeu um ódio tão profundo contra Jacó que, para matá-lo, só esperava a morte do pai. E Jacó não teria podido evitar a morte, se sua extremosa mãe Rebeca não o protegesse com sua habilidade e os bons conselhos que lhe deu e que ele seguiu.

§ II. Interpretação da história de Jacó.

185. Antes de explicar esta história tão bela, é preciso notar que, conforme todos os Santos Padres e intérpretes da Sagrada Escritura, Jacó é figura de Jesus Cristo e dos predestinados, enquanto Esaú é figura dos réprobos; basta, apenas, examinar a atitude de um e de outro para verificá-lo.

1º) Esaú, figura dos réprobos

1º) Esaú, o mais velho, era forte e robusto de corpo, destro e habilidoso no manejo do arco e na arte da caça.

2º) Quase não parava em casa, e, confiante em sua força e destreza, só trabalhava fora, ao ar livre.

3º) Pouco se incomodava de agradar a sua mãe Rebeca, e nada fazia por ela.

4º) Era guloso e gostava tanto de satisfazer o paladar, que chegou a vender seu direito de primogenitura por um prato de lentilhas.

5º) Estava, como Caim, cheio de inveja de seu irmão Jacó, e o perseguia sem tréguas.

186. Eis a conduta dos réprobos, todos os dias:

1º) Fiam-se em sua força e indústria nos negócios temporais; são muito fortes, muito hábeis e esclarecidos para as coisas da terra, mas extremamente fracos e ignorantes nas coisas do céu: "*In terrenis fortes, in caelestibus debiles*". Por isso:

187. 2º) Não se demoram ou se demoram muito pouco em sua própria casa, quer dizer no seu interior, que é a casa interior e essencial dada por Deus a cada homem para aí morar, conforme seu exemplo, pois Deus mora sempre em sua casa. Os réprobos não amam o retiro, nem a espiritualidade, nem a devoção interior e chamam de espíritos acanhados, carolas e selvagens aqueles que são espirituais e retirados do mundo, e que trabalham mais no interior do que fora.

188. 3º) Os réprobos não se preocupam de modo algum com a devoção à Santíssima Virgem, a Mãe dos predestinados. É verdade que não a odeiam formalmente, fazem-lhe às vezes um elogio, dizem que a amam, praticam até alguma devoção em sua honra, mas, de resto, não suportariam vê-la amada ternamente, porque não têm para ela as ternuras de Jacó. Acham motivo de censura nas práticas de devoção, a que se entregam os bons filhos e servos da Virgem Santíssima para obter sua afeição, na certeza de que esta devoção lhes é necessária à salvação, e acham mais que, desde que não odeiam formalmente a Santíssima Virgem, e que não desprezam abertamente sua devoção, isso é bastante e já ganharam as boas graças da Santíssima Virgem e são seus servos, ao recitarem ou resmungarem algumas orações em sua honra, sem a menor ternura por ela nem emenda para eles.

189. 4º) Esses réprobos vendem seu direito de primogenitura, isto é, os gozos do paraíso, por um prato de lentilhas, os prazeres da terra. Riem, bebem, comem, divertem-se, jogam, dançam etc., sem a mínima preocupação, como Esaú, de se tornarem dignos da bênção do Pai celeste. Em três palavras, eles só pensam na terra, só amam a terra, só falam e agem pela terra e pelos prazeres terrenos, vendendo, por um instante de prazer, por uma vã fumaça de honra, e por um pedaço de matéria amarela ou branca, a graça batismal, sua veste de inocência, sua celestial herança.

190. 5º) Os réprobos, finalmente, em segredo ou às claras, odeiam e perseguem diariamente os predestinados. Prejudicam-nos quanto podem, desprezam-nos, roubam-nos, enganam-nos, empobrecem-nos, expulsam-nos, reduzem-nos a pó; enquanto eles mesmos fazem fortuna, gozam seus prazeres, vivem em situação esplêndida, enriquecem, se engrandecem e levam vida folgada.

2º) Jacó, figura dos predestinados

191. 1º) Jacó, o caçula, era de compleição franzina, meigo e sossegado. Permanecia em casa o mais possível, para ganhar as graças de sua mãe Rebeca, que o amava ternamente. Se saía de casa, não o fazia por vontade própria, nem por confiança em sua própria habilidade, mas para obedecer a sua mãe.

192. 2º) Amava e honrava sua mãe: por isso ficava em casa junto dela. Seu maior contentamento era vê-la; evitava tudo que pudesse desagradar-lhe e fazia tudo que imaginava agradar-lhe. Tudo isso concorria para aumentar em Rebeca o amor que dedicava ao filho.

193. 3º) Em todas as coisas ele era submisso a sua mãe, obedecia-lhe inteiramente em tudo, com obediência pronta, sem tardanças, e amorosa, sem queixas; ao menor sinal da vontade materna, o pequeno Jacó corria e trabalhava. Acreditava piamente, sem discutir, em tudo que a mãe lhe dizia: por exemplo, quando Rebeca o mandou buscar os dois cabritos, e ele os trouxe a fim de ela os preparar para Isaac, Jacó não replicou nem observou que bastava um para satisfazer o apetite de um só homem, mas, sem discernir, fez exatamente como ela mandou.

194. 4º) Ele depositava uma confiança sem limites em sua querida mãe; como não contava absolutamente com sua própria experiência, apoiava-se unicamente na proteção e nos desvelos maternos. Chamava por ela em todas as suas necessidades e a consultava em todas as suas dúvidas: por exemplo, quando lhe perguntou se, em vez da bênção, não receberia a maldição de seu pai, creu e confiou na resposta que ela lhe deu de que tomaria sobre si a maldição.

195. 5º) Ele imitava, enfim, na medida de sua capacidade, as virtudes que via em sua mãe; e parece que uma das razões por que ele permanecia em casa, tão sedentário, é que procurava imitar sua virtuosa mãe, e afastar-se de más companhias, que corrompem os costumes. Por tal motivo, tornou-se digno de receber a dupla bênção de seu querido pai.

196. Eis também a conduta diária dos predestinados:

1º) Vivem em casa, sedentariamente, com sua mãe, quer dizer, amam o recolhimento, são interiores, e se aplicam à oração, mas conforme o exemplo e a companhia de sua Mãe, a Santíssima Virgem, cuja glória está toda no interior e que, durante a vida inteira, tanto amou o retiro e a oração. É verdade que aparecem às vezes fora, no mundo; fazem-no, porém, em obediência à vontade de Deus e de sua querida Mãe, para cumprir os deveres de seu estado. Por grandes coisas que façam no exterior e que apareçam, preferem muito mais as que fazem no interior, em companhia da Santíssima Virgem, porque aí executam a grande obra de sua perfeição, ao lado da qual todas as outras são como brinquedos de criança. Por isso, enquanto que seus irmãos e irmãs trabalham muitas vezes para o exterior com mais entusiasmo, habilidade e sucesso, recebendo os louvores e aprovações do mundo, eles sabem, pela luz do Espírito Santo, que há muito mais glória, bem e prazer em permanecer oculto no reconhecimento com Jesus Cristo, seu modelo, numa submissão inteira e perfeita a sua Mãe, do que em realizar, por si próprio, maravilhas naturais e da graça no mundo, como tantos Esaús e réprobos. *"Gloria et divitiae in domo eius"* (Sl 111,3) – a glória para Deus e as riquezas para os homens encontram-se na casa de Maria.

Senhor Jesus, quão amáveis são vossos tabernáculos! O pardal encontrou uma casa para se alojar, e a rola, um ninho, onde abrigar seus filhotes. Oh! como é feliz o homem que mora na casa de Maria, na qual fizestes, primeiro, a vossa morada! É nesta casa de predestinados que ele de Vós somente recebe socorro, e em seu coração dispôs subidas e degraus de todas as virtudes, para elevar-se à perfeição neste vale de lágrimas. *"Quam dilecta tabernacula..."* (Sl 83).

197. 2º) Eles amam ternamente e honram em verdade a Santíssima Virgem, como sua boa Mãe e Senhora. Amam-na não só com a boca, mas verdadeiramente; honram-na não só no exterior, mas no fundo do coração; evitam, como Jacó, tudo que pode desagradar-lhe, e praticam com fervor tudo que creem poder adquirir-lhes sua benevolência. Trazem-lhe e lhe entregam não só dois cabritos como Jacó a Rebeca, mas seu corpo e sua alma, com tudo que do corpo e da alma depende, de que são figura os dois cabritos de Jacó, 1º) para que ela os receba como um dom que lhe pertence; 2º) para que os sacrifique e faça morrer ao pecado e a si próprios, escorchando-os e despojando-os da própria pele de seu amor-próprio, e para agradar, por este meio, a Jesus, seu Filho, que não quer para amigos e discípulos, senão aqueles que estiverem mortos a si mesmos; 3º) para que os prepare ao gosto do Pai celeste, e para servir à sua maior glória, que ela conhece melhor que nenhuma outra criatura; 4º) para que, por seus cuidados e intercessões, este corpo e esta alma, purificados de toda mancha, bem mortos, bem despojados e bem preparados, sejam um manjar delicado, digno do paladar e da bênção do Pai celeste. Não é o que farão as pessoas predestinadas, que apreciarão e praticarão a consagração perfeita a Jesus Cristo pelas mãos de Maria, como lhes ensinamos, para testemunhar a Jesus e Maria um amor efetivo e corajoso?

Os réprobos dizem que amam a Jesus, que honram Maria, mas não com sua substância[1], com os seus haveres, ao ponto de lhes sacrificar seu corpo com os sentidos, sua alma com todas as paixões, como fazem os predestinados.

198. 3º) Eles são submissos e obedientes à Santíssima Virgem, como a sua boa Mãe, a exemplo de Jesus Cristo, que, dos trinta e três anos que viveu sobre a terra, dedicou trinta a glorificar a Deus seu Pai, por uma perfeita e inteira submissão a sua Mãe Santíssima. A ela obedecem, seguindo com exatidão os seus conselhos, como o pequeno Jacó seguia os de sua mãe, que lhe diz: "*Acquiesce consiliis meis*" (Gn 27,8) – Meu filho, segue meus conselhos; ou como os criados nas bodas de Caná, aos quais a Santíssima Virgem diz: "*Quodcumque dixerit vobis facite*" – Fazei tudo o que Ele vos disser (Jo 2,5). Por ter obedecido a sua mãe, Jacó recebeu a bênção, como por milagre, embora por direito natural não devesse recebê-la; porque os servos nas bodas de Caná seguiram o conselho

---

1. Cf. Pr 3,9: "Honora Dominum de tua substantia" (Honra o Senhor com os teus haveres).

da Santíssima Virgem, foram honrados com o primeiro milagre de Jesus Cristo, que nessa ocasião, a pedido de sua Mãe, converteu a água em vinho. Assim, todos aqueles que até ao fim dos séculos receberem a bênção do Pai celeste, e forem honrados com as maravilhas de Deus, só receberão estas graças em consequência de sua perfeita obediência a Maria; os Esaús, ao contrário, perderão sua bênção, por falta de submissão à Santíssima Virgem.

199. 4º) Os predestinados têm uma grande confiança na bondade e no poder da Santíssima Virgem; reclamam sem cessar seu socorro; olham-na como a estrela polar guiando-os a seguro porto; comunicam-lhe, com o coração aberto, suas penas e suas necessidades; acolhem-se à sua misericórdia e doçura para, por sua intercessão, alcançar o perdão de seus pecados, ou para gozar de seus maternais carinhos em suas aflições e contrariedades. Atiram-se até, escondem-se e se perdem de um modo admirável em seu regaço amoroso e virginal, para aí ficarem abrasados de amor, para aí se purificarem das menores manchas, e para aí encontrarem plenamente a Jesus, que aí reside como no mais glorioso dos tronos. Oh! que felicidade! "Não creiais, diz o Abade Guerrico, que seja maior felicidade habitar o seio de Abraão que o seio de Maria, pois neste colocou o Senhor o seu trono: *Ne credideris maioris esse felicitatis habitare in sinu Abrahae quam in sinu Mariae, cum in eo Dominus posuerit thronum suum*"[2.]

Os réprobos, ao contrário, põem toda a confiança em si próprios, só comem, como o filho pródigo, o que comem os porcos; como vermes, só se alimentam de terra; e porque amam somente as coisas visíveis e passageiras, como os mundanos, não apreciam as doçuras e suavidades do seio de Maria. Não sentem aquele

---

2. *Sermo 1 in Assumptione*, n. 4.

apoio e aquela confiança que os predestinados sentem pela Santíssima Virgem, sua boa Mãe. Amam miseravelmente sua fome exterior, como diz São Gregório³, porque não querem provar a suavidade que está preparada no próprio íntimo deles e no íntimo de Jesus e de Maria.

200. 5º) Finalmente, os predestinados mantêm-se nos caminhos da Santíssima Virgem, isto é, imitam-na, e nisto eles são verdadeiramente felizes e devotos, trazendo assim o sinal infalível de sua predestinação. Esta boa Mãe lhes diz: "*Beati qui custodiunt vias meas*" (Pr 8,32) – Bem-aventurados os que praticam minhas virtudes, e caminham sobre as pegadas de minha vida, com o socorro da divina graça. Eles são felizes neste mundo, durante sua vida, devido à abundância de graças e de doçuras que eu lhes comunico de minha plenitude e com muito mais abundância que aos outros que não me imitam tão esforçadamente; eles são felizes em sua morte, que é doce e tranquila, e na qual eu os assisto, para os conduzir às alegrias da eternidade; serão finalmente, felizes na eternidade, porque jamais se perdeu algum dos meus servos, que durante a vida tenha imitado fielmente as minhas virtudes.

Os réprobos, ao contrário, são infelizes durante a vida, em sua morte e na eternidade, porque não imitam a Santíssima Virgem em suas virtudes, contentando-se com pertencer a alguma de suas confrarias, com recitar uma ou outra oração em sua honra ou fazer qualquer devoção exterior.

Ó Virgem Santíssima, minha boa Mãe, quão felizes são aqueles – eu o repito com transportes de coração – quão felizes são aqueles que, sem se deixar seduzir por uma falsa devoção, guardam fielmente vossos caminhos, vossos conselhos e vossas ordens! Quão infelizes, porém, e malditos, aqueles, que, abusando de vos-

---

3. "Amamus foris miseri famem nostram" (*Homil. 36 in Evangel.*).

sa devoção, não guardam os mandamentos de vosso Filho! "*Maledicti omnes qui declinant a mandatis tuis*" – Malditos os que se afastam de teus mandamentos (Sl 118,21).

ARTIGO II
A Santíssima Virgem e os seus escravos por amor

201. Eis, em seguida, os caridosos deveres que a Santíssima Virgem cumpre, como a melhor das mães, para com seus fiéis servos, que a ela se deram como indiquei, e conforme a figura de Jacó.

§ I. **Ela os ama.**

"*Ego diligentes me diligo* – Eu amo aqueles que me amam" (Pr 8,17). Ela os ama primeiro, porque é sua verdadeira Mãe; ora, uma mãe ama sempre seu filho, o fruto de suas entranhas; segundo, ela os ama por reconhecimento, pois que eles efetivamente a amam como sua boa Mãe; terceiro, ela os ama, porque, sendo predestinados, Deus os ama: "*Iacob dilexi, Esau autem odio habui* – Amei Jacó, porém aborreci Esaú" (Rm 9,13); quarto, ela os ama porque eles se lhe consagraram, e porque são sua partilha e herança: "*In Israel hereditare*" (Eclo 24,13).

202. Ela os ama ternamente, e com mais ternura que todas as mães juntas. Acumulai, se puderdes, num só coração materno e por um filho único, todo o amor natural que todas as mães deste mundo têm por seus filhos: sem dúvida essa mãe amaria muito esse filho. É verdade, entretanto, que Maria ama ainda mais ternamente seus filhos do que aquela mãe amaria o seu. Ela não os ama somente com afeição, mas também com eficácia. Seu amor por eles é ativo e efetivo, como aquele de Rebeca por Jacob, e muito mais. Eis o

133

que esta boa Mãe, da qual Rebeca era apenas a figura, faz com o fito de alcançar, para seus filhos, a bênção do Pai celestial:

203. 1º) Ela espreita, como Rebeca, as ocasiões favoráveis de lhes proporcionar algum bem, de os engrandecer, de os enriquecer. Ela vê claramente em Deus todos os bens e males, as boas e más fortunas, as bênçãos e as maldições divinas, e por isso, já de longe, dispõe as coisas para isentar seus servos de todo mal e cumulá-los de todos os bens; de sorte que, se há um bom proveito a alcançar em Deus, pela fidelidade duma criatura em algum alto emprego, é certo que Maria o conseguirá para algum de seus filhos, e lhe dará a graça de chegar ao fim com fidelidade: *"Ipsa procurat negotia nostra"*, diz um santo.

204. 2º) Ela lhes dá bons conselhos, como Rebeca a Jacó: *"Fili mi, acquiesce consiliis meis* – Meu filho, segue meus conselhos" (Gn 27,8). E, entre outros conselhos, ela lhes sugere levar-lhe dois cabritos, isto é, seu corpo e sua alma, de lhos consagrar para que ela prepare um manjar agradável a Deus, e de fazer tudo que Jesus Cristo, seu Filho, nos ensinou pela palavra e pelo exemplo. Se não é diretamente que lhes dá seus conselhos, fá-lo pelo ministério dos anjos, para os quais constitui o maior prazer e a maior honra obedecer à menor de suas ordens para descer à terra e auxiliar seus fiéis servos.

205. 3º) Quando lhe levamos e consagramos nosso corpo e nossa alma com tudo que deles depende, sem nada excetuar, que faz esta boa Mãe? O mesmo que fez, outrora, Rebeca aos dois cabritos que Jacó lhe trouxe: 1º) mata-os, tirando-lhes a vida do velho Adão; 2º) escorcha-os e despoja da pele natural, das inclinações naturais, do amor próprio, da vontade própria e de todo apego à criatura; 3º) purifica-os de toda mancha, sujeira e pecado; 4º) prepara-os ao gosto de Deus e para sua maior glória. Ninguém como ela conhece perfeitamente este gosto divino e esta maior glória do Altíssimo, e, portanto, só ela pode, sem se enganar, aprontar e preparar nosso corpo e nossa alma de acordo com esse gosto infinitamente elevado e essa glória infinitamente oculta.

206. 4º) Esta boa Mãe, depois de receber a oferenda perfeita que lhe fizemos de nós mesmos e de nossos próprios méritos e satisfações, pela devoção de que falei, depois de nos ter despojado de nossos antigos hábitos, limpa-nos e nos torna dignos de aparecer diante de nosso Pai celeste. 1º) Ela nos cobre com as vestes limpas, novas, preciosas e perfumadas de Esaú, o primogênito, isto é, de Jesus Cristo seu Filho, daquelas vestes que ela conserva em sua casa, ou, por outra, em seu poder, pois que é a tesoureira, a dispensadora universal dos méritos e virtudes de seu Filho Jesus Cristo, dons que ela dispensa e comunica a quem quer, quando quer, como quer, e em quanto quer, como já vimos acima (cf. n. 25 e n. 141). 2º) Ela rodeia o pescoço e as mãos de seus servos com o pelo dos carneiros mortos e escorchados, quer dizer, ela os reveste dos méritos e do valor de suas próprias ações. Ela mata e mortifica, em verdade, tudo que eles têm de impuro e imperfeito em suas pessoas; mas não perde nem dissipa o bem que neles a graça já realizou; pelo contrário, guarda-o e aumenta-o para lhes ornar e fortalecer o pescoço e as mãos, isto é, para que eles tenham força para carregar o jugo do Senhor, que se carrega ao pescoço, e para fazerem grandes coisas que redundem na glória de Deus e na salvação de seus irmãos. 3º) Ela põe um novo perfume e uma nova graça nessas vestes e ornamentos, pelo contato de suas próprias vestes: seus méritos e suas virtudes, que ela, ao morrer, lhes legou em testamento, como diz uma santa religiosa do século XVII, morta em odor de santidade, e que o soube por revelação; de modo que todos os seus servidores, seus fiéis servos e escravos ficam duplamente vestidos: com as vestes dela e com as de seu Filho: "*Omnes domestici eius vestiti sunt duplicibus*" (Pr 31,21). Por isso eles não têm que recear o frio de Jesus Cristo, branco como a neve, que os réprobos, completamente nus e despojados dos méritos de Jesus Cristo e da Santíssima Virgem, não poderão suportar.

207. 5º) Ela consegue-lhes, enfim, a bênção do Pai celeste, se bem que eles sejam os segundos, os filhos adotivos, e, portanto, não devessem recebê-la. Com essas roupas novas, preciosas e odorosas, e com seu corpo e sua alma bem preparados e dispostos, eles se aproximam confiantes do leito de repouso do Pai celeste. Este os ouve e os reconhece pela voz, a voz do pecador; toca-lhes as mãos cobertas de pelos; aspira o perfume que de suas vestes se desprende; come alegremente o que Maria lhe preparou; e neles reconhecendo os méritos e o bom odor de seu Filho e de sua Mãe Santíssima: 1º) dá-lhes sua dupla bênção, bênção do orvalho do céu: *"De rore caeli"* (Gn 27,28), isto é, da graça divina que é a semente da glória: *"Benedixit nos in omni benedictione spirituali in Christo Iesu"* (Ef 1,3: Deus nos abençoou com toda a bênção espiritual em Cristo Jesus); bênção da fertilidade da terra: *"De pinguedine terrae"* (Gn 27,28), em outras palavras, que este bom Pai lhes dá seu pão cotidiano e uma abundância suficiente de bens deste mundo; 2º) fá-los senhores de seus outros irmãos, os reprovados, embora esta primazia nem sempre transpareça neste mundo que passa num instante, e no qual dominam muitas vezes os reprovados: *"Peccatores effabuntur et gloriabuntur..."* (Sl 93,3-4), *Vidi impium superexaltatum et elevatum"* (Sl 36,35); essa primazia é, no entanto, verdadeira e será manifestada por toda a eternidade, no outro mundo, onde os justos, como diz o Espírito Santo, dominarão e comandarão as nações: *"Dominabuntur populis"* (Sb 3,8); 3º) sua majestade, não contente de abençoá-los em suas pessoas e em seus bens, abençoa ainda todos os que eles abençoarem, e amaldiçoa todos os que os amaldiçoarem e perseguirem.

§ II. Ela os mantém.

208. O segundo dever de caridade que a Santíssima Virgem exerce para com seus fiéis servos é provê-los de tudo para o corpo e para a alma. Ela lhes fornece as vestes duplas, como acabamos de ver; dá-lhes de comer os manjares mais finos da mesa de Deus; dá-lhes o pão da vida que ela formou: "*A generationibus meis implemini*" (Eclo 24,26): "Meus queridos filhos, lhes diz ela, sob o nome da Sabedoria, enchei-vos de meus frutos, isto é, de Jesus, o fruto de vida que eu pus no mundo para vós. – "*Venite, comedite panem meum et bibite vinum quod miscui vobis*" (Pr 9,5); "*comedite et bibite, et inebriamini, carissimi*" (Ct 5,1): Vinde, lhes repete, comei do meu pão, que é Jesus, e bebei do vinho de seu amor, que para vós preparei com o leite de meus seios. E como é a tesoureira e a dispensadora dos dons e das graças do Altíssimo, ela toma uma boa porção, a melhor, para alimentar e sustentar seus filhos e servos. Eles são fortalecidos com o pão vivo, embriagados com o vinho que gera virgens (cf. Zc 9,17); são levados ao seio: "*ad ubera portamini*" (Is 66,12); e têm tanta facilidade em carregar o jugo de Jesus Cristo, que quase não lhe sentem o peso, graças ao óleo da devoção com que ela o faz apodrecer: "*Iugum eorum comp*utrescet a facie olei" (Is 10,27).

§ III. Ela os conduz.

209. O terceiro bem que a Santíssima Virgem faz a seus fiéis servos é conduzi-los e dirigi-los conforme a vontade de seu Filho. Rebeca conduzia o pequeno Jacó e de vez em quando lhe dava bons conselhos, e deu-lhos tanto para ele atrair a bênção de Isaac, como para subtrair-se à fúria de Esaú. Maria, a estrela do mar, guia todos os seus fiéis servos a bom porto; mostra-lhes os caminhos da vida eterna; desvia-os dos passos perigosos; leva-os pela mão nas sendas da justiça; sustém-nos quando estão prestes a cair; levanta-os quando caíram; repreende-os, como mãe caridosa, quando cometem alguma falta; e até, às vezes, os castiga amorosamente. Um filho que obedece a Maria, pode acaso errar o caminho que leva à eternidade? "*Ipsam sequens, non devias*: Seguindo-a, não vos extraviareis", diz São Bernardo. Não temais que um verdadeiro filho de Maria se deixe enganar pelo demônio e venha a cair em alguma heresia formal. Onde se manifesta a mão condutora de Maria, aí não se encontram nem o espírito maligno com suas ilusões, nem os hereges com seus sofismas: "*Ipsa tenente, non corruis*"[1].

§ IV. Ela os defende e protege.

210. O quarto favor que a Santíssima Virgem presta a seus filhos e fiéis servos é defendê-los e protegê-los de seus inimigos. Rebeca, por seus cuidados e por sua habilidade, livrou Jacó dos perigos que o ameaçavam, e particularmente da morte que lhe jurara Esaú, e que, no auge da raiva e inveja que o dominavam, ele teria levado a termo, como outrora Caim a seu irmão Abel. Maria, a Mãe misericordiosa dos predestinados, abriga-os sob as asas de sua proteção, como uma galinha aos pintinhos. Ela lhes fala, abaixa-se até eles, é condescendente para com suas fraquezas, protege-os contra as garras do gavião e do abutre; acompanha-os como um exército em linha de batalha: "*ut castrorum acies ordinata*" (Ct 6,3). Pode um homem, garantido por um exército de cem mil soldados, ter receio de seus inimigos? Menos ainda há de recear um servo fiel de Maria, rodeado que está da proteção e força de sua Mãe Santíssima. Esta Mãe e Princesa poderosa enviaria antes batalhões de milhares de anjos em socorro de um só de seus servos, para que se não dissesse que um servo fiel de Maria, que a ela se confiou, sucumbiu à malícia, ao número e à força do inimigo.

---

1. Palavras de São Bernardo, já citadas e comentadas, n. 174.

§ V. Ela intercede por eles.

211. O quinto, enfim, e o maior bem, que a amabilíssima Maria proporciona a seus fiéis devotos, é interceder por eles junto de seu Filho, apaziguá-lo por suas preces, uni-los a ele por um forte elo, e para ele os conservar.

Rebeca mandou a Jacó que se aproximasse do leito de Isaac; e o ancião tateou as mãos e os braços do filho, abraçou-o e beijou-o com alegria, mostrando-se contente e satisfeito com o acepipe que Jacó lhe apresentava. E ao aspirar com extrema satisfação o perfume que se evolava das vestes de Esaú, exclamou: "*Ecce odor filii mei sicut odor agri pleni, cui benedixit Dominus*: Eis que o cheiro de meu filho é como o cheiro de um campo florido que o Senhor abençoou" (Gn 27,27). Este campo florido, cujo odor encanta o coração do pai, outro não é que o odor das virtudes e dos méritos de Maria, que é um campo cheio de graça, no qual Deus Pai semeou, qual grão de trigo dos eleitos, o seu Filho único.

Oh! benvindo é, junto de Jesus Cristo, Pai do futuro século, um filho que rescende o bom odor de Maria. E quão pronta e perfeitamente lhe fica unido, já o demonstramos longamente.

212. Além disso, depois de cumular de favores seus filhos e servos fiéis, Maria Santíssima lhes obtém a bênção do Pai celestial e a união com Jesus Cristo, e, mais, conserva-os em Jesus Cristo e Jesus Cristo neles. Ela os guarda e por eles vela constantemente, para que não percam a graça de Deus e não caiam nas armadilhas do inimigo: "*In plenitudine sanctos detinet*: Detém os santos em sua plenitude"[2], e ajuda-os a perseverar até ao fim, como já vimos.

Aí está a explicação dessa grande e antiga figura da predestinação e da condenação, figura tão desconhecida e tão cheia de mistérios.

---

2. Palavras de São Boaventura já citadas e comentadas (n. 174).

Capítulo VII

Efeitos maravilhosos que esta devoção produz numa alma que lhe é fiel

213. Meu querido irmão, convencei-vos de que, se vos tornardes fiel às práticas interiores e exteriores desta devoção, que vos indico em seguida:

ARTIGO I
Conhecimento e desprezo de si mesmo

1º) Pela luz que o Espírito Santo vos dará por intermédio de Maria, sua querida esposa, conhecereis vosso fundo mau, vossa corrupção e vossa incapacidade para todo bem, e, em consequência deste conhecimento, vos desprezareis, e será com horror que pensareis em vós mesmo. Considerar-vos-eis como uma lesma asquerosa que tudo estraga com sua baba, como um sapo repugnante que tudo envenena com sua peçonha, ou como a serpente traiçoeira que só busca enganar. A humilde Maria vos dará, enfim, parte de sua profunda humildade, com que vos desprezareis a vós mesmo, sem desprezar pessoa alguma, e gostareis até de ser desprezado.

ARTIGO II
Participação da fé de Maria

214. 2º) A Santíssima Virgem vos dará uma parte de sua fé, a maior que já houve na terra, maior que a de todos os patriarcas, profetas, apóstolos e todos os santos. Agora, reinando nos céus, ela já não tem esta fé, pois vê claramente todas as coisas em Deus, pela luz da glória. Com assentimento do Altíssimo, ela, entretanto, não a perdeu ao entrar na glória; guardou-a para seus fiéis servos e servas na Igreja militante. Quanto mais, portanto, ganhardes a benevolência desta Princesa e Virgem fiel, tanto mais profunda fé tereis em toda a vossa conduta: uma fé pura, que vos levará à despreocupação por tudo que é sensível e extraordinário; uma fé viva e animada pela caridade que fará com que vossas ações sejam motivadas por puro amor; uma fé firme e inquebrantável como um rochedo, que vos manterá firme e constante no meio das tempestades e tormentas; uma fé ativa e penetrante que, semelhante a uma chave misteriosa, vos dará entrada em todos os mistérios de Jesus Cristo, nos novíssimos do homem e no coração do próprio Deus; fé corajosa que vos fará empreender sem hesitações, e realizar grandes coisas para Deus e a salvação das almas; fé, finalmente, que será vosso fanal luminoso, vossa via divina, vosso tesouro escondido da divina Sabedoria, e vossa arma invencível, da qual vos servireis para aclarar os que jazem nas trevas e nas sombras da morte, para abrasar os tíbios e os que necessitam do ouro candente da caridade, para dar vida aos que estão mortos pelo pecado, para tocar e comover, por vossas palavras doces e poderosas, os corações de mármore e derrubar os cedros do Líbano, e para, enfim, resistir ao demônio e a todos os inimigos da salvação.

ARTIGO III
Graça do puro amor

215. 3º) Esta Mãe do amor formoso (Eclo 24,24) aliviará vosso coração de todo escrúpulo e de todo temor servil; ela o abrirá e alargará para correr pelo caminho dos mandamentos de seu Filho (cf. Sl 118,32), com a santa liberdade dos filhos de Deus, e para nele introduzir o puro amor, de que ela possui o tesouro; de tal modo que não mais vos conduzireis, como o fizestes até aqui, pelo receio ao Deus de caridade, mas pelo puro amor, unicamente. Passareis a olhá-lo como vosso bondoso Pai, tratando de agradar-lhe incessantemente; com Ele conversareis confidentemente, à semelhança de um filho com seu pai. Se, por acaso, o ofenderdes, humilhar-vos-eis em continente diante dele, pedir-lhe-eis perdão humildemente, lhe estendereis simplesmente a mão, e vos levantareis amorosamente, sem perturbação nem inquietação, e sem desfalecimentos continuareis a caminhar para Ele.

ARTIGO IV
Grande confiança em Deus e em Maria

216. 4º) A Santíssima Virgem vos encherá de grande confiança em Deus e nela: 1º) porque não vos aproximareis mais de Jesus Cristo por vós mesmo, mas sempre por intermédio desta bondosa Mãe; 2º) porque, tendo lhe dado todos os vossos méritos, graças e satisfações, para que deles disponha à sua vontade, ela vos comunicará suas virtudes e vos revestirá de seus méritos, de sorte que podereis dizer confiantemente a Deus: "Eis Maria, vossa serva: faça-se em mim conforme a vossa palavra: *Ecce ancilla Domini; fiat mihi secundum verbum tuum*" (Lc 1,38); 3º) porque, desde que vos destes a ela inteiramente, de corpo e alma, ela, que é liberal com os liberais, e mais liberal que os próprios liberais, dar-se-á a vós em troca, e isto de um modo maravilhoso, mas verdadeiro; assim podereis dizer-lhe ousadamente: "*Tuus sum ego, salvum me fac*! – Eu vos pertenço, Santíssima Virgem, salvai-me!" (Sl 118,94) ou, como já disse (cf. n. 179), com o discípulo amado: "*Accepi te in mea*" – eu vos tomei, Mãe Santíssima, como todo o meu bem. Podereis ainda dizer com São Boaventura: "*Ecce Domina salvatrix mea, fiducialiter agam, et non timebo, quia fortitudo mea, et laus mea in Domino es tu...*"[1] e em outro lugar: "*Tuus totus ego sum, et omnia mea tua sunt; o Virgo gloriosa, super omnia benedicta, ponam te ut signaculum super cor meum, quia fortis est ut mors dilectio tua*[2] – Minha querida Senhora e Salvadora, agirei com confiança e não temerei porque sois minha força e meu louvor no Senhor... Sou todo vosso, e tudo que tenho vos pertence; ó gloriosa Virgem, bendita sobre todas as coisas criadas, que eu vos ponha como uma marca sobre meu coração, pois vossa dileção é forte como a morte!"

---
1. *Psalter. maius B.V.*, Cant. instar Is 12,2.
2. *Psalter. maius B.V.*, Cant. instar Ex 15.

Podereis dizer a Deus com os sentimentos do profeta: "*Domine, non est exaltatum cor meum, neque elati sunt oculi mei; neque ambulavi in magnis, neque in mirabilibus super me; si non humiliter sentiebam, sed exaltavi animam meam; sicut ablactatus est super matre sua, ita retributio in anima mea* (Sl 130,1-2) – Senhor, nem meu coração nem meus olhos têm motivo para se elevar e ensoberbecer, nem de buscar coisas grandes e maravilhosas; e mesmo assim, ainda não sou humilde; mas elevei e encorajei minha alma pela confiança; sou como uma criança, afastada dos prazeres da terra e apoiada ao seio de minha mãe; e é neste seio que sou cumulado de bens. 4º) O que aumenta ainda vossa confiança nela é que, tendo lhe dado em depósito tudo o que tendes de bom para dar ou guardar, confiareis menos em vós e muito mais nela, que é vosso tesouro. Oh! que confiança e consolação para uma alma poder chamar também seu o tesouro de Deus, onde Deus depositou o que tem de mais precioso! "*Ipsa est thesaurus Domini* – Ela é, diz um santo, o tesouro do Senhor"[3].

ARTIGO V
Comunicação da alma e do espírito de Maria

217. 5º) A alma da Santíssima Virgem se comunicará a vós para glorificar o Senhor; seu espírito tomará o lugar do vosso para regozijar-se em Deus, contanto que pratiqueis fielmente esta devoção. "*Sit in singulis anima Mariae, ut magnified Dominum; sit in singulis spiritus Mariae, ut exultet in Deo*[1] – Que a alma de Maria esteja em cada um para aí glorificar o Senhor; que o espírito de Maria esteja em cada um para aí regozijar-se em Deus". Ah! quando virá este tempo feliz – diz um santo de nossos dias, todo

---
3. Idiota (*In contemplationo B.M.V.*).
1. SANTO AMBRÓSIO (*Expositio in Lc*, 1. III, n. 26).

dado a Maria – quando virá este tempo feliz em que Maria será estabelecida Senhora e Soberana nos corações, para submetê-los plenamente ao império de seu grande e único Jesus? Quando chegará o dia em que as almas respirarão Maria, como o corpo respira o ar? Então, coisas maravilhosas acontecerão neste mundo, onde o Espírito Santo, encontrando sua querida Esposa como que reproduzida nas almas, a elas descerá abundantemente, enchendo-as de seus dons, particularmente do dom da sabedoria, a fim de operar maravilhas de graça. Meu caro irmão, quando chegará esse tempo feliz, esse século de Maria, em que inúmeras almas escolhidas, perdendo-se no abismo de seu interior, se tornarão cópias vivas de Maria, para amar e glorificar Jesus Cristo? Esse tempo só chegará quando se conhecer e praticar a devoção que ensino, "*Ut adveniat regnum tuum, adveniat regnum Mariae*".

ARTIGO VI
Transformação das almas em Maria à imagem de Jesus Cristo

218. 6º) Se Maria, que é a árvore da vida, for bem cultivada em nossa alma pela fidelidade às práticas desta devoção, ela dará fruto em seu tempo; e seu fruto não é outro senão Jesus Cristo. Vejo tantos devotos e devotas que buscam Jesus Cristo, estes por uma via e uma prática, aqueles por outra; e muitas vezes depois de muito labutar durante a noite, podem dizer: "*Per totam noctem laborantes, nihil cepimus* – Trabalhando a noite inteira, nada apanhamos" (Lc 5,5). E pode-se responder-lhes: "*Laborastis multum, et intulistis parum* – muito trabalhastes e pouco ganhastes"[1]. Jesus Cristo está ainda muito fraco em vós. Mas, pelo caminho imaculado de Maria

---

1. Ag 1,6 (O texto exato diz: "Seminastis multum ...").

e por esta prática divina que ensino, trabalha-se durante o dia, trabalha-se num lugar santo, trabalha-se pouco. Em Maria não há noite, pois ela jamais pecou, nem teve sequer a sombra de um pecado. Maria é um lugar santo, o Santo dos santos, em que se formam e modelam os santos.

219. Notai, se vos apraz, que eu digo que os santos são moldados em Maria. Há grande diferença entre executar uma figura em relevo, a martelo e a cinzel, e executá-la por um molde. Os escultores e estatuários têm de esforçar-se muito para fazer uma figura da primeira maneira, e gastam muito tempo; mas, da segunda maneira, trabalham pouco e terminam em pouco tempo. Santo Agostinho chama a Santíssima Virgem *"forma Dei"*, o molde de Deus. *"Si formam Dei te appellem, digna exsistis"*[2] o molde próprio para formar e moldar deuses. Aquele que é lançado no molde divino fica em breve formado e moldado em Jesus Cristo, e Jesus Cristo nele: com pouca despesa e em pouco tempo, ele se tornará deus, pois foi lançado no mesmo molde que formou um Deus.

220. Parece-me que posso muito bem comparar esses diretores e pessoas devotas que pretendem formar Jesus Cristo em si mesmos ou dos outros, por meio de práticas diferentes destas, a escultores que, depositando toda a confiança na própria perícia, conhecimento e arte, dão uma infinidade de marteladas e embotam o cinzel numa pedra dura, ou numa madeira áspera, para fazer a imagem de Jesus Cristo; e às vezes não conseguem dar expressão natural a Jesus Cristo, ou por falta de conhecimentos ou devido a algum golpe desastrado que prejudica toda a obra. Aqueles, porém, que abraçam este segredo da graça que lhes apresento, eu os comparo a fundidores e moldadores que, tendo encontrado o belo

---

2. *Semo 208* (inter opera S. Augustini): "Sois digna de ser chamada o molde de Deus".

molde de Maria, no qual Jesus Cristo foi natural e divinamente formado, sem se fiar na própria habilidade, mas unicamente na eficiência do molde, lançam-se e perdem-se em Maria para se tornarem o retrato natural de Jesus Cristo.

221. Bela e verdadeira comparação! Quem a compreenderá, porém? Desejo que sejais vós, querido irmão. Mas lembrai-vos que só se lança no molde o que está fundido e líquido, isto é, que é mister destruir e fundir em vós o velho Adão, para que venha a ser o novo em Maria.

ARTIGO VII
A maior glória de Jesus Cristo

222. 7º) Por esta prática, fielmente observada, dareis a Jesus Cristo mais glória em um mês, que por qualquer outra, embora mais difícil, em muitos anos. – Eis as razões do que afirmo:

1º) Porque, fazendo vossas ações pela Santíssima Virgem, como esta prática ensina, abandonais vossas próprias intenções e operações, ainda que boas e conhecidas, para vos perder, por assim dizer, nas da Santíssima Virgem, embora as desconheçais; e por aí entrais a participar da sublimidade de suas intenções, que foram tão puras, que ela deu mais glória a Deus, pela menor de suas ações, por exemplo, fiando na sua roca, dando um ponto de agulha, do que um São Lourenço estendido na grelha, por seu cruel martírio, e mesmo que todos os santos por suas mais heroicas ações; pelo que, durante sua vida neste mundo, ela conquistou tal soma inefável de graças e méritos que se contariam antes as estrelas do firmamento, as gotas d'água do mar e os grãos de areia das praias; e ela deu mais glória a Deus que todos os anjos e santos reunidos e como eles jamais deram nem poderão dar. Ó prodígio de Maria! vós só podeis realizar prodígios de graça nas almas que querem de boa mente abismar-se em vós.

223. 2º) Porque uma alma, por esta prática, considerando nada tudo o que pensa ou faz por si mesma, e pondo todo o seu apoio e complacência nas disposições de Maria, para aproximar-se de Jesus Cristo e até para falar-lhe, pratica mais humildade que as almas que agem por si mesmas, que se apoiam e comprazem nas próprias disposições. Consequentemente, ela glorifica mais altamente a Deus, que só é glorificado perfeitamente pelos humildes e pequenos de coração.

224. 3º) Porque a Santíssima Virgem, querendo, por uma grande caridade, receber em suas mãos virginais o presente de nossas ações, dá-lhes uma beleza e brilho admiráveis; ela mesma as oferece a Jesus Cristo, e Nosso Senhor é assim mais glorificado que se nós lhas oferecêssemos por nossas mãos criminosas.

225. 4º) Enfim, porque nunca pensais em Maria, sem que ela, em vosso lugar, pense em Deus. Nunca a louvais nem honrais, sem que ela convosco louve e honre a Deus. Maria está toda em conexão com Deus, e com toda a propriedade eu a chamaria a relação de Deus, que só existe em referência a Deus, o eco de Deus, que só diz e repete Deus. Santa Isabel louvou Maria e chamou-a bem-aventurada, porque ela creu, e Maria, o eco fiel de Deus, entoou: "*Magnificat anima mea Dominum* – Minha alma glorifica o Senhor" (Lc 1,46). O que fez nessa ocasião, Maria o faz todos os dias; quando a louvamos, amamos, honramos ou lhe damos algo, Deus é louvado, amado, honrado, e recebe por Maria e em Maria.

Capítulo
VIII

Práticas particulares desta devoção

ARTIGO I
Práticas exteriores

226. Se bem que o essencial desta devoção consista no interior, ela conta também práticas exteriores que é preciso não negligenciar : "*Haec oportuit facere et illa non omittere*" (Mt 23,23); tanto porque as práticas exteriores bem-feitas ajudam as interiores, como porque relembram ao homem, que se conduz sempre pelos sentidos, o que fez ou deve fazer; também porque são próprias para edificar o próximo que as vê, o que já não acontece com as práticas puramente interiores. Nenhum mundano, portanto, critique, nem meta aqui o nariz, dizendo que a verdadeira devoção está no coração, que é preciso evitar exterioridades, que nisto pode haver vaidade, que é preferível ocultar cada um sua devoção etc. Respondo-lhes com meu Mestre: "Assim brilhe a vossa luz diante dos homens, para que vejam as vossas boas obras e glorifiquem vosso Pai que está nos céus" (Mt 5,16). Não quer isso dizer, como observa São Gregório[1], que devamos fazer nossas ações e devoções exteriores para agradar aos homens e daí tirar louvores, o que seria vaidade; mas fazê-las às vezes diante dos homens, com o fito de agradar a Deus e glorificá-lo, sem nos preocupar com o desprezo ou os louvores dos homens.

Citarei apenas abreviadamente algumas práticas exteriores, que não qualifico de exteriores porque sejam feitas sem interior, mas porque contêm qualquer exterioridade, e para distingui-las das que são estritamente interiores.

§ I. **Consagração depois de exercícios preparatórios.**
227. *Primeira prática.* Aqueles e aquelas que quiserem adotar esta devoção, que não está erigida em confraria, como seria de

---
1. *Homil. II in Evangel.*

desejar[2], depois de ter, como já disse na primeira parte desta preparação ao reino de Jesus Cristo[3], empregado ao menos doze dias em desapegar-se do espírito do mundo, contrário ao de Jesus Cristo, dedicarão três semanas a encher-se de Jesus Cristo por intermédio da Santíssima Virgem[4]. Eis a ordem que poderão observar:

228. Durante a primeira semana aplicarão todas as suas orações e atos de piedade para pedir o conhecimento de si mesmo e a contrição por seus pecados. Tudo farão em espírito de humildade.

Para isso poderão, se quiserem, meditar sobre o que ficou dito sobre o nosso fundo de maldade[5], e considerar-se, nos seis dias desta semana, como uma lesma, um sapo, um porco, uma serpente, um bode; ou, então, estas três palavras de São Bernardo: "*Cogita quid fueris, semen putridum*; *quid sis, vas stercorum*; *quid futurus sis, esca verminum*"[6]. Pedirão a Nosso Senhor e a seu Espírito Santo que os esclareça, dizendo: "*Domine, ut videam*"[7]; ou "*Noverim me*"[8]; ou "*Veni, Sancte Spiritus*", e dirão todos os dias a ladainha do Espírito Santo e a oração que segue[9]. Recorrerão à Santíssima Virgem e lhe pedirão esta grande graça que deve ser o fundamento das outras, e para isso recitarão todos os dias o "Ave, Maris Stella" e as ladainhas.

---

2. Os votos de São Luís Maria de Montfort se realizaram. Sua querida devoção está ereta em Arquiconfraria, cujos membros, já numerosos, multiplicam-se de um modo extraordinário.
3. Estas palavras de São Luís Maria parecem aludir a outra obra que teria servido de introdução a esta, por exemplo: "L'amour de la Sagesse éternelle" (Cf. cap. VII e XVI).
4. Cf. no fim do volume os exercícios espirituais aconselhados pelo autor para esses doze dias e essas três semanas preparatórias à consagração.
5. Cf. acima n. 78ss.
6. "Pensa no que foste: um pouco de lodo; no que és: vaso de escórias; no que serás: pasto de vermes" (SÃO BERNARDO, *inter opera: Meditação sobre o conhecimento da condição humana*).
7. "Senhor, fazei que eu veja" (Lc 18,41).
8. SANTO AGOSTINHO: "Que eu me conheça".
9. Estas ladainhas do Espírito Santo encontram-se no apêndice no fim deste volume.

229. Durante a segunda semana, aplicarse-ão em todas as suas orações e obras cotidianas, em conhecer a Santíssima Virgem. Implorarão este conhecimento ao Espírito Santo. Poderão ler e meditar o que já dissemos a respeito. Recitarão, como na primeira semana, as ladainhas do Espírito Santo, o "Ave, Maris Stella", e mais um rosário todos os dias, ou pelo menos o terço, nesta intenção.

230. A terceira semana será empregada em conhecer Jesus Cristo. Poderão ler e meditar o que dissemos neste sentido, e recitar a oração de Santo Agostinho, inserida no número 67. Poderão, com o mesmo santo, dizer e repetir centenas de vezes por dia: *"Noverim te*: Senhor, que eu vos conheça", ou então: *"Domine, ut videam* – Senhor, fazei que eu veja quem sois". Como nas semanas precedentes, recitarão as ladainhas do Espírito Santo e o "Ave, Maris Stella", ajuntando as ladainhas do Santíssimo nome de Jesus.

231. Ao fim destas três semanas, confessar-se-ão e comungarão na intenção de se darem a Jesus Cristo na condição de escravos por amor, pelas mãos de Maria. E depois da comunhão, que cuidarão de fazer conforme o método que segue (cf. n. 266), recitarão a fórmula de consagração, que se encontra também adiante (cf. p. 197); será necessário que a escrevam ou mandem escrever, se não estiver impressa, e a assinem no mesmo dia em que a fizerem.

232. Nesse dia, será bom renderem algum tributo a Jesus Cristo e a sua Mãe Santíssima, seja em penitência de sua infidelidade passada às promessas do batismo, seja em sinal de sua dependência do domínio de Jesus e de Maria. Ora, esse tributo será conforme a devoção e capacidade de cada um: um jejum, uma mortificação, uma esmola, um círio. Ainda que não deem mais que um alfinete em homenagem, contanto que o deem de bom coração, é o bastante para Jesus, que só olha a boa vontade.

233. Todos os anos, ao menos, no mesmo dia, renovarão a consagração, observando as mesmas práticas durante três semanas.

Poderão até, todos os meses e, quiçá, todos os dias, renovar, com as poucas palavras seguintes, tudo o que fizerem: "*Tuus totus ego sum, et omnia mea tua sunt* – Sou todo vosso e tudo o que tenho vos pertence", ó meu amável Jesus, por Maria, vossa Mãe Santíssima[10].

§ II. Recitação da coroinha da Santíssima Virgem.

234. *Segunda prática.* Recitarão todos os dias de sua vida, sem, entretanto, nenhum constrangimento, a coroinha da Santíssima Virgem, composta de três Pai-nossos e doze Ave-Marias, em honra dos doze privilégios e grandezas da Santíssima Virgem. Esta prática é muito antiga e tem seu fundamento na Sagrada Escritura. São João viu uma mulher coroada de doze estrelas, vestida do sol e tendo a lua debaixo de seus pés (Ap 12,1) e esta mulher, na opinião dos intérpretes[11] é a Santíssima Virgem.

235. Há muitos modos de rezar bem esta coroinha e seria demasiado longo mencioná-los. O Espírito Santo o inspirará àqueles e àquelas que mais fiéis se mostrarem a esta devoção. Para rezá-la bem simplesmente é preciso dizer em primeiro lugar: "*Dignare me laudare te, Virgo sacrata*; *da mihi virtutem contra hostes tuos*"[12]; em seguida, reza-se o Credo, depois um Pai-nosso, quatro Ave-Marias e um Glória-ao-Pai; ainda um Pai-nosso, quatro Ave-Marias, e um Glória-ao-Pai; e assim por diante. Ao terminar, diz-se: "*Sub tuum praesidium*".

---

10. Os membros da Arquiconfraria de Maria, Rainha dos corações, ganham uma indulgência de 300 dias todas as vezes que renovarem sua consagração, pelas palavras: "Sou todo vosso, e tudo que possuo vos ofereço, ó meu amável Jesus, por Maria, vossa Mãe santíssima".
11. Entre outros, SANTO AGOSTINHO (*Tract. de Symbol*o ad Catechumenos, 1. IV, cap. I); • SÃO BERNARDO. *Sermo super "Signum Magnum"*, n. 3.
12. "Fazei-me digno de vos louvar, ó Virgem sagrada, e dai-me força contra os vossos inimigos".

§ III. Usar pequenas cadeias de ferro.

236. *Terceira prática.* É muito louvável, glorioso e útil àqueles e àquelas, que assim demonstrarão ser escravos de Jesus em Maria, trazer, como sinal de sua amorosa escravidão, pequenas cadeias de ferro, bentas com uma bênção especial[13.]

Estas demonstrações exteriores não são, na verdade, essenciais, e uma pessoa pode bem se dispensar, embora tenha abraçado esta devoção. Não posso, contudo, esquivar-me a louvar aqueles e aquelas que, depois de terem rompido as cadeias vergonhosas da escravidão do demônio, a que os tinha arrastado o pecado original, e talvez os pecados atuais, se entregaram voluntariamente à gloriosa escravidão de Jesus Cristo e com São Paulo se gloriam de estar acorrentados por Jesus Cristo (cf. Ef 3,1), com correntes que, embora de ferro e sem brilho, são mais gloriosas e mais preciosas que todos os colares de ouro dos imperadores.

237. Nos tempos de outrora era a cruz o que havia de mais infamante; hoje, no entanto, é o símbolo mais glorioso do cristianismo. Digamos o mesmo dos ferros da escravidão. Nada havia de mais ignominioso entre os antigos, e ainda atualmente entre os pagãos. Entre os cristãos, porém, são essas cadeias de Jesus Cristo o distintivo mais ilustre, pois elas nos livram e preservam dos liames vergonhosos do pecado e do demônio; elas nos restituem a liberdade e nos ligam a Jesus e Maria, não a contragosto e a força, como a forçados, mas por caridade, por amor, como a filhos: "*Traham eos in vinculis caritatis*" (Os 11,4) – eu os atrairei a mim, diz Deus pela boca do profeta, com os vínculos da caridade, que,

---

13. Poder-se-ia crer que certos decretos das Congregações Romanas tenham proibido terminantemente o uso dessas pequenas cadeias. Nada vemos, contudo, nesses decretos que interdite esta prática, símbolo da escravidão a Jesus em Maria, no que consiste propriamente a devoção do B. Montfort (Cf. *Analecta Iuris Pontificii*, 1ª série, col. 757).

por consequência, são fortes como a morte (cf. Ct 8,6), e, de certo modo, mais fortes naqueles que fielmente trouxerem, até à morte, esses distintivos gloriosos. Pois a morte, destruindo-lhes embora o corpo e reduzindo-o à podridão, não destruirá as algemas de sua escravidão, as quais, por serem de ferro, não se corrompem tão facilmente. E, no dia da ressurreição dos corpos, no juízo final, quem sabe, essas cadeias, pendentes ainda de seus ossos, não virão a constituir uma parte de sua glória, mudando-se em cadeias de luz e de glória? Felizes, portanto, mil vezes felizes os escravos ilustres de Jesus em Maria, que até ao túmulo usarem essas cadeias!

238. Eis os motivos por que se usam estas cadeiazinhas:

1º) Relembram ao cristão os votos e compromissos do batismo, a renovação perfeita das promessas batismais que ele fez por esta devoção, e a estrita obrigação em que está de se conservar fiel. O homem, porque se deixa levar mais pelos sentidos do que pela fé pura, esquece facilmente suas obrigações para com Deus, se não tiver algo que lhas traga à memória. Por isso estas pequenas cadeias servem para lembrar ao cristão aquelas cadeias do pecado e da escravidão do demônio, de que o santo batismo o livrou, e a dependência que, neste sacramento, votou a Jesus Cristo, e a ratificação dessa dependência, feita ao renovar os seus votos; e um dos motivos por que tão poucos cristãos pensam nas promessas do santo batismo, e vivem com tanta libertinagem como se nada houvessem prometido a Deus, como se fossem pagãos, é não trazerem nenhuma marca ou distintivo exterior que disso os relembre.

239. 2º) Mostra que ele não se envergonha de ser escravo e servo de Jesus Cristo, e que renunciou à escravidão funesta do mundo, do pecado e do demônio.

3º) Garantem-no e preservam-no dos grilhões do pecado e do demônio, pois, ou estaremos agrilhoados pelas correntes do inimigo, ou traremos as cadeias da caridade e da salvação: *"Vincula peccatorum; in vinculis caritatis"*.

240. Ah! querido irmão, despedacemos os grilhões do pecado e dos pecadores, do mundo e dos mundanos, do demônio e de seus asseclas, e lancemos longe de nós seu jugo funesto: *"Dirumpamus vincula eorum et proiiciamus a nobis iugum ipsorum"* (Sl 2,3). Metamos nossos pés, para servir-nos das palavras do Espírito Santo, em seus ferros gloriosos e nosso pescoço em suas cadeias: *"Iniice pedem tuum in compedes illius, et in torques illius collum tuum"* (Eclo 6,25). Curvemos os ombros e carreguemos a Sabedoria, que é Jesus Cristo, e não nos enfademos de suas correntes: *"Subiice humerum tuum et porta illam, et ne acedieris vinculis eius"* (Eclo 6,26). Notareis que o Espírito Santo, antes de dizer estas palavras, prepara a alma, a fim de que ela não rejeite o importante conselho. Eis as suas palavras: *"Audi, fili, et accipe consilium intellectus, et ne abiicias consilium* meum – Ouve, filho, e recebe uma sábia advertência, e não rejeites o meu conselho" (Eclo 6,24).

241. Permiti, caríssimo amigo, que me una aqui ao Espírito Santo, para dar-vos o mesmo conselho: *"Vincula illius, alligatura salutaris"* (Eclo 6,31) – Suas cadeias são cadeias de salvação. Jesus pendente da cruz deve atrair tudo a si, e tudo, de bom ou mau grado, será atraído. Do mesmo modo ele atrairá os réprobos pelas correntes de seus pecados, para acorrentá-los, como forçados e demônios, à sua ira eterna e à sua justiça vingadora. Nos últimos tempos, porém, atrairá especialmente os predestinados, pelas cadeias da caridade: *"Omnia traham ad meipsum"* (Jo 12,32). *"Traham eos in vinculis caritatis"* (Os 11,4).

242. Esses amorosos escravos de Jesus Cristo ou acorrentados de Jesus Cristo, *"vincti Christi"* (Ef 3,1), podem usar suas cadeias ou ao pescoço ou no braço, ou na cintura, ou nos pés. O Padre Vicente Caraffa, sétimo geral da Companhia de Jesus, falecido em odor de santidade no ano 1643, usava, como sinal de sua servidão, um círculo de ferro nos pés, e dizia que lamentava não poder arrastar publicamente os grilhões. A Madre Inês de Jesus, a quem já nos referimos (n. 170), trazia sempre uma corrente de ferro na cintura. Outros a usaram ao pescoço, em penitência pelos colares de pérola que costumam usar no mundo. Outros a usaram no braço, para se lembrarem, no trabalho manual, que eram escravos de Jesus Cristo.

§ IV. Devoção especial ao mistério da Encarnação.

243. *Quarta prática*. Terão uma devoção especial pelo mistério da Encarnação do Verbo, a 25 de março[14], que é o mistério adequado a esta devoção, pois que esta devoção foi inspirada pelo Espírito Santo: 1º para honrar e imitar a dependência em que Deus Filho quis estar de Maria, para glória de Deus seu Pai e para nossa salvação; dependência que transparece particularmente neste mistério em que Jesus Cristo se torna cativo e escravo no seio de Maria Santíssima, aí dependendo dela em tudo; 2º para agradecer a Deus as graças incomparáveis que concedeu a Maria, principalmente por tê-la escolhido para sua Mãe digníssima, escolha feita neste mistério. São estes os dois fins principais da escravização a Jesus Cristo em Maria.

244. Peço-vos notar que digo ordinariamente: "o escravo de Jesus em Maria, a escravização a Jesus em Maria". Pode-se, é verdade, dizer como muitos já o disseram até aqui, "o escravo de Maria, a escravidão da Santíssima Virgem". Creio, porém, que é melhor

---

14. No dia 25 de março, todos os membros da Arquiconfraria de Maria, Rainha dos corações, podem ganhar uma indulgência plenária.

dizer "escravo de Jesus em Maria" como aconselhava M. Tronson, superior geral do seminário de São Sulpício, o qual era conhecido por sua rara prudência e grande piedade. Assim aconselhou ele a um eclesiástico que o consultou sobre o assunto. As razões são estas:

245. 1º Visto estarmos num século orgulhoso, em que pululam os sábios enfatuados, os espíritos fortes e críticos, que sempre acham o que falar das mais sólidas e bem estabelecidas práticas de piedade, é preferível, para evitar-lhes ocasião de crítica desnecessária, dizer "escravidão de Jesus em Maria" e dizer-se "escravo de Jesus Cristo" do que escravo de Maria. Assim a denominação desta devoção será dada antes pela sua finalidade, Jesus Cristo, que pelo caminho e meio para atingir este fim, Maria Santíssima. Pode-se, entretanto, usar uma ou outra sem o menor escrúpulo, como eu faço. Um homem, por exemplo, que vai de Orleans a Tours pelo caminho de Amboise, pode evidentemente dizer que vai a Amboise e que vai a Tours. A única diferença é que Amboise é apenas o caminho para ir a Tours e Tours é o fim, o termo de sua viagem.

246. 2º Como o principal mistério que se celebra e honra nesta devoção é o mistério da Encarnação, no qual só se pode contemplar Jesus em Maria, e encarnado em seu seio, é mais adequado dizer-se "a escravidão de Jesus em Maria", de Jesus residindo e reinando em Maria, conforme a bela oração de tantos homens célebres: "Ó Jesus vivendo em Maria, vinde e vivei em nós, em vosso espírito de santidade" etc.[15]

247. 3º Este modo de falar patenteia ainda mais a união íntima entre Jesus e Maria. Tão intimamente estão unidos que um é tudo no outro: Jesus é tudo em Maria e Maria é tudo em Jesus; ou, melhor, ela já não existe, mas Jesus somente nela, e antes se separaria do sol a luz, do que apartar Maria de Jesus. É assim que

---
15. Cf. esta oração no fim do volume, p. 207.

se pode chamar Nosso Senhor "Jesus de Maria", e a Santíssima Virgem "Maria de Jesus".

248. O tempo não me permite deter-me aqui para explicar as excelências e as grandezas do mistério de Jesus vivendo e reinando em Maria, ou da Encarnação do Verbo. Contento-me, por isso, em dizer, em três palavras, que é este o primeiro mistério de Jesus Cristo, o mais oculto, o mais elevado e o menos conhecido; que é neste mistério que Jesus, em colaboração com Maria, em seu seio, e por isto chamado pelos santos "*aula sacramentorum*", sala dos segredos de Deus[16], escolheu todos os eleitos; que foi neste mistério que Ele operou todos os mistérios subsequentes de sua vida, pela aceitação deles: "*Iesus ingrediens mundum dicit: Ecce venio ut faciam, Deus, voluntatem tuam*" (cf. Hb 10,5-9). Por conseguinte, este mistério é um resumo de todos os mistérios, e contém a vontade e a graça de todos. Este mistério é, enfim, o trono da misericórdia, da liberdade e da glória de Deus. O trono da misericórdia de Deus, porque, já que não podemos aproximar-nos de Jesus senão por Maria, não podemos ver Jesus nem lhe falar senão por intermédio de Maria. Jesus atende sempre a sua querida Mãe e concede sempre sua graça e sua misericórdia aos pobres pecadores: "*Adeamus ergo cum fiducia ad thronum gratiae* – Cheguemo-nos, pois, confiadamente, ao trono da graça" (Hb 4,16). É o trono de sua liberalidade para Maria, porque este novo Adão, enquanto permaneceu nesse verdadeiro paraíso terrestre, aí realizou ocultamente tantas maravilhas que nem os anjos nem os homens as compreendem; por isso os santos chamaram Maria a magnificência de Deus: "*Magnificentia Dei*"[17], como se Deus só fosse magnífico em Maria: "*Solummodo ibi magnificus Dominus*"

---

16. SANTO AMBRÓSIO. *De Instit. Virg.*, cap. VII, n. 50.
17. RICARDO DE SÃO LOURENÇO. *De laud. Virg. 1. IV.*

252. *Almas predestinadas, escravas de Jesus em Maria,* aprendei que a Ave-Maria é a mais bela de todas as orações, depois do Pai-nosso. É a saudação mais perfeita que podeis fazer a Maria, pois é a saudação que o Altíssimo indicou a um arcanjo, para ganhar o coração da Virgem de Nazaré. E tão poderosas foram aquelas palavras, pelo encanto secreto que contêm, que Maria deu seu pleno consentimento para a Encarnação do Verbo, embora relutasse em sua profunda humildade. É por esta saudação que também vós ganhareis infalivelmente seu coração, contanto que a digais como deveis.

253. A Ave-Maria, rezada com devoção, atenção e modéstia, é, como dizem os santos, o inimigo do demônio, pondo-o logo em fuga, e o martelo que o esmaga; a santificação da alma, a alegria dos anjos, a melodia dos predestinados, o cântico do Novo Testamento, o prazer de Maria e a glória da Santíssima Trindade. A Ave-Maria é um orvalho celeste que torna a alma fecunda; é um beijo casto e amoroso que se dá em Maria, é uma rosa vermelha que se lhe apresenta, é uma pérola preciosa que se lhe oferece, é uma taça de ambrosia e de néctar divino que se lhe dá. Todas estas comparações são de santos ilustres.

254. Rogo-vos instantemente, pelo amor que vos consagro em Jesus e Maria, que não vos contenteis de recitar a coroinha da Santíssima Virgem, mas também o vosso terço, e até, se houver tempo, o vosso rosário, todos os dias, e abençoareis, na hora da morte, o dia e a hora em que me acreditastes; e, depois de ter semeado sob as bênçãos de Jesus e de Maria, colhereis bênçãos eternas no céu: *"Qui seminat in benedictionibus, de benedictionibus et metet"* (2Cor 9,6).

§ VI. Recitação do Magnificat.

255. *Sexta prática.* Para agradecer a Deus pelas graças que concedeu à Santíssima Virgem, dirão frequentemente o *Magnificat,* a um Deus. Este lugar santíssimo é formado de uma terra virgem e imaculada, da qual se formou e nutriu o novo Adão, sem a menor mancha ou nódoa, por operação do Espírito Santo que aí habita. É neste paraíso terrestre que está em verdade a árvore da vida que produziu Jesus Cristo, o fruto de vida; a árvore da ciência do bem e do mal, que deu a luz ao mundo. Há, neste lugar divino, árvores plantadas pela mão de Deus e orvalhadas por sua unção divina, árvores que produziram e produzem, todos os dias, frutos maravilhosos de um sabor divino; há canteiros esmaltados de belas e variegadas flores de virtudes, cujo perfume delicia os próprios anjos. Ostentam-se neste lugar prados verdes de esperança, torres inexpugnáveis e fortes, habitações cheias de encanto e segurança etc. Ninguém, exceto o Espírito Santo, pode dar a conhecer a verdade oculta sob estas figuras de coisas materiais. Reina neste lugar um ar puro, sem infecção, um ar de pureza; um belo dia sem noite, da humanidade santa; um belo sol sem sombras, da Divindade; uma fornalha ardente e contínua de caridade, na qual todo o ferro que aí se lança fica abrasado e se transforma em ouro; há um rio de humildade que surge da terra, e que, dividindo-se em quatro braços, rega todo este lugar encantado: são as quatro virtudes cardeais.

262. O Espírito Santo, pela boca dos Santos Padres, chama também a Santíssima Virgem: 1º) a porta oriental, por onde o sumo sacerdote Jesus Cristo entra e vem ao mundo (cf. Ez 44,2-3); por ela entrou da primeira vez, e por ela virá da segunda; 2º) o santuário da Divindade, o reclinatório da Santíssima Trindade, o trono de Deus, a cidade de Deus, o altar de Deus, o templo de Deus, o mundo de Deus. Todos estes diferentes epítetos e louvores são verdadeiros em relação às diversas maravilhas e graças que o Altíssimo realizou em Maria. Oh! que riqueza! que glória! que prazer! que felicidade poder entrar e habitar em Maria, em quem o Altíssimo colocou o trono de sua glória suprema!

mea tua sunt: Sou todo vosso, minha querida Senhora, com tudo que tenho"[1]. 4º) Suplicareis a esta boa Mãe que vos empreste seu coração, para, com as mesmas disposições, receberdes seu Filho. Fareis ver a ela, que importa à glória de seu Filho não ser introduzido num coração tão manchado como o vosso, e tão inconstante, que havia de tirar-lhe a glória ou perdê-la; se ela, entretanto, quiser habitar em vós para receber seu Filho, pode-o facilmente, em vista do domínio que tem sobre os corações; e, por ela, seu Filho será bem recebido, sem mancha, e sem perigo de ser ultrajado : "*Deus in medio eius non commovebitur*" (Sl 45,6). Dir-lhe-eis confidentemente que tudo que lhe tendes dado de vossos bens é pouco para honrá-la, mas, pela santa comunhão, lhe dareis o mesmo presente que o Pai eterno lhe deu, presente que mais há de honrá-la, que se lhe désseis todos os bens do mundo; e que, enfim, Jesus deseja ainda ter nela suas complacências e seu repouso, seja, embora, em vossa alma, mais suja e pobre do que o estábulo, ao qual Jesus não opôs dificuldades em descer, pois que ela lá estava. Com as seguintes e ternas palavras lhe pedireis seu coração: "*Accipio te in mea omnia. Praebe mihi cor tuum, o Maria!*"[2].

II
Durante a comunhão

267. Prestes a receber Nosso Senhor Jesus Cristo, dir-lhe-eis três vezes, depois do "*Pater*": "*Domine, non sum dignus...*" etc., como se disséssseis, pela primeira vez, ao Pai eterno que, devido a vossos maus pensamentos e ingratidões para com Ele, não sois digno de receber seu único Filho. Eis, porém, Maria, sua serva: "*Ecce

---

1. Ou então a fórmula indulgenciada, indicada em "Notícia sobre a Arquiconfraria de Maria, Rainha dos corações" (Vantagens e privilégios, 3º).
2. Adaptação dos dois textos da Sagrada Escritura, comentados no decorrer do "Tratado". Cf. Jo 19,27 e Pr 23,26.

ancilla Domini", que tudo faz por vós, e que vos dá uma confiança e esperança especiais, junto de sua Majestade: "*Quoniam singulariter in spe constituisti me*" (Sl 4,10).

268. Direis ao Filho: "*Domine, non sum dignus...*" etc., que não sois digno de recebê-lo, por causa de vossas palavras inúteis e más, e vossa infidelidade em seu serviço; vós lhe rogais, entretanto, que tenha piedade de vós, pois que ides introduzi-lo na morada de sua própria Mãe e vossa, e que não o deixareis partir, sem que Ele venha aí alojar-se: "*Tenui eum, nec dimittam, donec introducam illum in domum matris meae, et in cubiculum genitricis meae*" (Ct 3,4). Implorar-lhe-eis que se levante e venha para o lugar de seu repouso e para a arca de sua santificação: "*Surge, Domine, in requiem tuum, tu et arca sanctificationis tuae*" (Sl 131,8). Dir-lhe-eis que, de modo algum, depositais vossa confiança em vossos méritos, vossa força e vossas preparações, como Esaú, e sim nos de Maria, vossa querida Mãe, a exemplo do pequeno Jacó nos desvelos de Rebeca; que, pecador e Esaú que sois, ousais aproximar-vos de sua santidade, ornado e apoiado pelas virtudes de sua Mãe Santíssima.

269. Direis ao Espírito Santo: "*Domine, non sum dignus*", etc.; que não sois digno de receber a obra-prima de sua caridade, em vista da tibieza e iniquidade de vossas ações e de vossas resistências a suas inspirações. Mas toda a vossa confiança é Maria, sua fiel Esposa. E direis com São Bernardo: "*Haec mea maxima fiducia est; haec tota ratio spei meae*"[1]. Podeis mesmo pedir-lhe que desça ainda a Maria, sua Esposa inseparável; pois seu seio é tão puro e seu coração tão abrasado como sempre, e que se ele não descer à vossa alma, Jesus e Maria não serão aí formados, nem dignamente alojados.

---

1. "De Aquaeductu", n. 7.

III
Depois da santa comunhão

270. Inteiramente recolhido, os olhos fechados, depois da santa comunhão, introduzireis Jesus Cristo no coração de Maria. A sua Mãe o dareis, e ela o receberá amorosamente, colocá-lo-á em lugar de honra, adorá-lo-á profundamente, amá-lo-á perfeitamente, abraçá-lo-á estreitamente, e, em espírito e verdade, lhe prestará honras que nós, cercados de espessas trevas, desconhecemos.

271. Ou, então, jazei profundamente humilhado, na presença de Jesus residindo em Maria; ou permanecei como um escravo à porta do palácio real, onde o Rei se entretém com a Rainha; e, enquanto eles conversam sem necessidade de vossa presença, ide em espírito ao céu e a toda a terra rogar às criaturas que em vosso lugar agradeçam, adorem e amem a Jesus e Maria: *"Venite, adoremus, venite!"* (Sl 94,6).

272. Ou, ainda, pedi a Jesus, em união com Maria, que, por meio dela venha à terra o seu reino, ou a divina sabedoria, ou o amor divino, ou o perdão de vossos pecados, ou qualquer outra graça, mas sempre por Maria e em Maria. E, considerando-vos a vós mesmo, dizei: *"Ne respicias, Domine, peccata mea* – Senhor, não olheis os meus pecados"[1], *"sed oculi tui videant aequitates Mariae"*[2]: mas que vossos olhos só vejam em mim as virtudes e graças de Maria. E, lembrando-vos de vossos pecados, acrescentareis: *"Inimicus homo hoc fecit"* (Mt 13,28): Eu, que sou o meu maior inimigo, cometi esses pecados; ou, então: *"Ab homine iniquo et doloso erue me"* (Sl 42,1), ou: *"Te oportet crescere, me autem minui"* (cf. Jo 3,30): Meu Jesus, é preciso que cresçais em minha alma e que eu diminua. Maria, é preciso que cresçais em mim e que eu seja menos do que

---

1. Missal romano, *1ª orat. ante communionem.*
2. Sl 16,2, aplicado à Santíssima Virgem.

tenho sido. "*Crescite et multiplicamini*" (Gn 1,22): Ó Jesus e Maria, crescei em mim e multiplicai-vos fora, nos outros.

273. São infinidade os pensamentos que o Espírito Santo fornece, e vos fornecerá se fordes bastante interior, mortificado e fiel a esta grande e sublime devoção, que acabo de vos ensinar. Lembrai-vos que, quanto mais deixardes Maria agir em vossa comunhão, mais será Jesus glorificado; e tanto mais deixareis agir Maria para Jesus, e Jesus em Maria, quanto mais profundamente vos humilhardes, e, então, os ouvireis em paz e silêncio, sem vos afligirdes para ver, degustar, nem sentir, pois, em toda parte, o justo vive da fé, e especialmente na santa comunhão que é um ato de fé: "*Iustus meus ex fide vivit*" (Hb 10,38).

N. B. Aqui termina o manuscrito de São Luís Maria de Montfort. Nas páginas seguintes encontram-se as preces indicadas (n. 227) e adequadas à preparação para a consagração solene, a fórmula de consagração composta pelo Santo, outras orações particularmente recomendadas no decorrer da obra, e, enfim, a "Oração abrasada", que o santo fundador compôs a fim de pedir a Deus missionários para a Companhia de Maria.

Apêndice

Exercícios espirituais preparatórios à consagração solene conforme o método de São Luís Maria Grignion de Montfort

I
DOZE DIAS PRELIMINARES
empregados em desapegar-se do espírito do mundo

VENI, CREATOR SPIRITUS

Veni, Creátor Spiritus,
Mentes tuórum visita,
Imple supérna gratia,
Quæ tu creásti péctora.

Qui diceris Paráclitus,
Altíssimi donum Dei,
Fons vivus, ignis, charitas
Et spiritális únctio.

Tu septiformis múnere,
Dígitus patérnæ déxteræ
Tu rite promissum Patris,
Sermone ditans gúttura.

Accénde lumen sénsibus:
Infunde amórem cordibus:
Infirma nóstri córporis
Virtute firmans pérpeti.

Hostem repéllas longius,
Pacémque dones prótinus,
Ductóre sic te prævio
Vitémus omne nóxium.

Per te sciámus da Patrem
Noscámus átque Fílium
Teque utriúsque Spíritum
Credámus omni tempore.

Deo Patri sit gloria
Et Filio qui a mortuis
Surrexit ac Paráclito
In sempiterna sæcula. Amen.

℣. Emitte Spiritum tuum et creabuntur.

℞. Et renvabis faciem terræ.

Oremus. Deus qui corda fidelium Sancti Spiritus illustratione docuisti, da nobis in eodem Spiritu recta sapere et de eius semper consolatione gaudere. Per Christum Dominum nostrum. Amen.

Tradução

Vem, ó Criador Espírito,
As almas dos teus visita;
Os corações que criaste,
Enche de graça infinita.

Tu, Paráclito és chamado
Dom do Pai celestial,
Fogo, caridade, fonte
Viva e unção espiritual.

Tu dás septiforme graça;
Dedo és da destra paterna;
Do Pai, solene promessa,
Dás força da voz superna.

Nossa razão esclarece,
Teu amor no peito acende,
Do nosso corpo a fraqueza
Com tua força defende.

De nós afasta o inimigo.
Dá-nos a paz sem demora,
Guia-nos; e evitaremos
Tudo quanto se deplora.

Dá que Deus Pai e seu Filho
Por ti nós bem conheçamos,
E em ti, Espírito de ambos
Em todo tempo creiamos.

A Deus Pai se dê a glória
E ao Filho ressuscitado,
Paráclito e a ti também
Com louvor perpetuado. Amém.

℣. Enviai o vosso Espírito, e tudo será criado.

℟. E renovareis a face da terra.

Oremos. Ó Deus, que instruístes os corações dos vossos fiéis com a luz do Espírito Santo; concedei-nos que no mesmo Espírito conheçamos o que é reto, e gozemos sempre as suas consolações. Por Cristo Nosso Senhor,

℟. Amém.

AVE, MARIS STELLA

Ave, maris Stella,
Dei Mater alma,
Atque semper virgo,
Felix cæli porta.

Sumens illud Ave,
Gabrielis ore,
Funda nos in pace
Mutans Hevæ nomen.

Solve vincla reis,
Profer lumen cæcis,
Mala nostra pelle.
Bona cuncta posce.

Monstra te esse Matrem,
Sumat per te preces,
Qui pro nobis natus
Tulit esse tuus

Virgo singularis,
Inter omnes mitis,
Nos culpis solutos
Mites fac et castos.

Vitam præsta puram.
Iter para tutum,
Ut videntes Iesum,
Semper collætemur.

Sit laus Deo Patri,
Summo Christo decus,
Spiritui Sancto
Tribus honor unus. Amen.

Tradução

Ave, do mar Estrela,
De Deus Mãe bela,
Sempre Virgem, da morada
Celeste feliz entrada.

Ó tu que ouviste da boca
Do anjo a saudação;
Dá-nos paz e quietação;
E o nome de Eva troca.

As prisões aos réus desata.
E a nós cegos alumia;
De tudo que nos maltrata
Nos livra, o bem nos granjeia.

Ostenta que és Mãe, fazendo
Que os rogos do povo seu
Ouça aquele que, nascendo
Por nós, quis ser Filho teu.

Ó Virgem especiosa,
Toda cheia de ternura,
Extintos nossos pecados,
Dá-nos pureza e brandura,

Dá-nos uma vida pura,
Põe-nos em via segura,
Para que a Jesus gozemos,
E sempre nos alegremos.

A Deus Pai veneremos;
A Jesus Cristo também.
E ao Espírito Santo; demos
Aos três um louvor. Amém.

II
PRIMEIRA SEMANA
empregada em adquirir o conhecimento de si mesmo

LADAINHA DO ESPÍRITO SANTO

Kyrie, eleison.	Senhor, tende piedade de nós.
Christe, eleison.	Jesus Cristo, tende piedade de nós.
Kyrie, eleison.	Senhor, tende piedade de nós.
Spiritus Sancte, audi nos.	Divino Espírito Santo, ouvi-nos.
Spiritus Paraclite, exaudi nos.	Espírito Paráclito, atendei- nos.
Pater de cælis, Deus, **miserere nobis.**	Deus Pai dos céus, **tende piedade de nós.**
Fili, Redemptor mundi, Deus,	Deus Filho, Redentor do mundo,
Spiritus Sancte, Deus,	Deus Espírito Santo,
Sancta Trinitas, unus Deus,	Santíssima Trindade, que sois um só Deus,
Spiritus veritatis,	Espírito da verdade,
Spiritus sapientiæ,	Espírito da sabedoria,
Spiritus intellectus,	Espírito da inteligência,
Spiritus fortitudinis,	Espírito da fortaleza,
Spiritus pietatis,	Espírito da piedade,
Spiritus recti consilii,	Espírito do bom conselho,
Spiritus scientiæ,	Espírito da ciência,
Spiritus sancti timoris,	Espírito do santo temor,
Spiritus caritatis,	Espírito da caridade,
Spiritus gaudii,	Espírito da alegria,

Spiritus pacis,	Espírito da paz,
Spiritus virtutum,	Espírito das virtudes,
Spiritus multiformis gratiæ,	Espírito de toda a graça,
Spiritus adoptionis Filiorum Dei,	Espírito da adoção dos filhos de Deus,
Purificator animarum nostrarum,	Purificador das nossas almas,
Ecclesiæ catholicæ sanctificator et rector,	Santificador e guia da Igreja Católica,
Cælestium donorum distributor,	Distribuidor dos dons celestes,
Discretor cogitationum et intentionum cordis,	Conhecedor dos pensamentos e das intenções do coração,
Dulcedo in tuo servitio incipientium,	Doçura dos que começam a vos servir,
Corona perfectorum,	Coroa dos perfeitos,
Gaudium Angelorum,	Alegria dos anjos,
Illuminatio Patriarcharum,	Luz dos patriarcas,
Inspiratio Prophetarum,	Inspiração dos profetas,
Os et sapientia Apostolorum,	Palavra e sabedoria dos apóstolos,
Victoria Martyrum,	Vitória dos mártires,
Scientia Confessorum,	Ciência dos confessores,
Puritas Virginum,	Pureza das virgens,
Unctio Sanctorum omnium,	Unção de todos os santos,
Propitius esto, parce nobis, Domine.	Sede-nos propício, perdoai-nos, Senhor.
Propitius esto, exaudi nos, Domine.	Sede-nos propício, atendei-nos, Senhor.
Ab omni peccato, **libera nos, Domine.**	De todo o pecado, **livrai-nos, Senhor.**
Ab omnibus tentationibus et insidiis diaboli,	De todas as tentações e ciladas do demônio,

Ab omni præsumptione et desperatione,	De toda a presunção e desesperação.
Ab impugnatione veritatis agnitæ,	Do ataque à verdade conhecida,
Ab invidentia fraternæ gratiæ,	Da inveja da graça fraterna,
Ab omni obstinatione et impœnitentia,	De toda a obstinação e impenitência,
Ab omni negligentia et tepore animi,	De toda a negligência e tepor do espírito,
Ab omni immunditia mentis et corporis,	De toda a impureza da mente e do corpo,
Ab hæresibus et erroribus universis,	De todas as heresias e erros,
Ab omni malo spiritu,	De todo o mau espírito,
A mala et æterna morte,	Da morte má e eterna,
Per æternam ex Patre Filioque processionem tuam,	Pela vossa eterna procedência do Pai e do Filho,
Per miraculosam conceptionem Filii Dei,	Pela milagrosa conceição do Filho de Deus,
Per descensionem tuam super Christum baptizatum,	Pela vossa descida sobre Jesus Cristo batizado,
Per sanctam apparitionem tuam in transfiguratione Domini,	Pela vossa santa aparição na transfiguração do Senhor,
Per adventum tuum super discípulos Christi,	Pela vossa vinda sobre os discípulos do Senhor,
In die iudicii,	No dia do juízo,
Peccatores, **te rogamus, audi nos.**	Ainda que pecadores, **nós vos rogamos, ouvi-nos.**
Ut nobis parcas,	Para que nos perdoeis,
Ut omnia Ecclesiæ membra vivificare et sanctificare digneris,	Para que vos digneis vivificar e santificar todos os membros da Igreja,

Mater divinæ gratiæ,	Mãe da divina graça,
Mater purissima,	Mãe puríssima,
Mater castissima,	Mãe castíssima,
Mater inviolata,	Mãe imaculada,
Mater intemerata,	Mãe intacta,
Mater amabilis,	Mãe amável,
Mater admirabilis,	Mãe admirável,
Mater boni consilii,	Mãe do bom conselho,
Mater Creatoris,	Mãe do Criador,
Mater Salvatoris,	Mãe do Salvador,
Virgo prudentissima,	Virgem prudentíssima,
Virgo veneranda,	Virgem venerável,
Virgo prædicanda,	Virgem louvável,
Virgo potens,	Virgem poderosa,
Virgo clemens,	Virgem benigna,
Virgo fidelis,	Virgem fiel,
Speculum justitiæ,	Espelho de justiça,
Sedes sapientiæ,	Sede da sabedoria,
Causa nostræ lætitiae,	Causa de nossa alegria,
Vas spirituale,	Vaso espiritual,
Vas honorabile,	Vaso honorífico,
Vas insigne devotionis,	Vaso insigne de devoção,
Rosa mystica,	Rosa mística,
Turris Davidica,	Torre de David,
Turris eburnea,	Torre de marfim,
Domus aurea,	Casa de ouro,
Fœderis arca,	Arca da aliança,
Janua cæli,	Porta do céu,
Stella matutina,	Estrela da manhã,
Salus infirmorum,	Saúde dos enfermos,
Refugium peccatorum,	Refúgio dos pecadores,
Consolatrix afflictorum,	Consoladora dos aflitos,
Auxilium christianorum,	Auxílio dos cristãos,
Regina angelorum,	Rainha dos anjos,
Regina patriarcharum,	Rainha dos patriarcas,
Regina prophetarum,	Rainha dos profetas,

Regina apostolorum,
Regina martyrum,
Regina confessorum,
Regina virginum,
Regina sanctorum omnium,
Regina sine labe originali concepta,
Regina in cælum assumpta,
Regina sacratissimi Rosarii,
Regina pacis,
Agnus Dei, qui tollis peccata mundi, parce nobis, Domine.

Agnus Dei, qui tollis peccata mundi, exaudi nos, Domine.

Agnus Dei, qui tollis peccata mundi, miserere nobis.

℣. Ora pro nobis, sancta Dei Genitrix,
℟. **Ut digni efficiamur promissionibus Christi.**
Oremus. Concede nos famulos tuos, quæsumus, Domine Deus, perpetua mentis et corporis sanitate gaudere: et gloriosa Beatæ Mariæ semper Virginis intercessione a præsenti liberari tristitia, et æterna perfrui lætitia. Per Christum Dominum nostrum. Amen.

Rainha dos apóstolos,
Rainha dos mártires,
Rainha dos confessores,
Rainha das virgens,
Rainha de todos os santos,
Rainha concebida sem pecado original,
Rainha assunta ao céu,
Rainha do santo Rosário,
Rainha da paz,
Cordeiro de Deus, que tirais o pecado do mundo, perdoai-nos, Senhor.

Cordeiro de Deus, que tirais o pecado do mundo, ouvi-nos, Senhor,

Cordeiro de Deus, que tirais o pecado do mundo, tende piedade de nós.

℣. Rogai por nós, santa Mãe de Deus.
℟. **Para que sejamos dignos das promessas de Cristo.**
Oremos. Senhor Deus, nós vos suplicamos que concedais a vossos servos lograr perpétua saúde de alma e corpo; e que pela gloriosa intercessão da bem-aventurada sempre Virgem Maria sejamos livres da presente tristeza e gozemos da eterna alegria. Por Cristo Nosso Senhor. Amém.

III
SEGUNDA SEMANA
empregada em adquirir o conhecimento da Santíssima Virgem

Ladainha do Espírito Santo (p. 183).

Ave, maris Stella (p. 181).

Um rosário ou ao menos um terço (cf. adiante o método para recitar com fruto o santo rosário, p. 198.

IV
TERCEIRA SEMANA
empregada em adquirir o conhecimento de Jesus Cristo

Ladainha do Espírito Santo.

Ave, maris Stella.

Oração de Santo Agostinho.

Cf. no Tratado..., à p. 50.

LADAINHA DO SANTÍSSIMO NOME DE JESUS

Kyrie, eleison.	Senhor, tende piedade de nós.
Christe, eleison.	Jesus Cristo, tende piedade de nós.
Kyrie, eleison.	Senhor, tende piedade de nós.
Iesu, audi nos.	Jesus Cristo, ouvi-nos.
Iesu, exaudi nos.	Jesus Cristo, atendei-nos.
Pater de cælis Deus, **miserere nobis.**	Pai celeste, que sois Deus, tende piedade de nós.
Fili, Redemptor mundi, Deus,	Filho, Redentor do mundo, que sois Deus,

Spiritus Sancte Deus,	Espírito Santo, que sois Deus,
Sancta Trinitas, unus Deus,	Santíssima Trindade, que sois um só Deus,
Iesu, Fili Dei vivi,	Jesus, Filho de Deus vivo,
Iesu, splendor Patris,	Jesus, esplendor do Pai,
Iesu, candor lucis æternæ,	Jesus, pureza da luz eterna,
Iesu, Rex gloriæ,	Jesus, Rei da glória,
Iesu, sol iustitiæ,	Jesus, sol de justiça,
Iesu, Fili Mariæ Virginis,	Jesus, Filho da Virgem Maria,
Iesu amabilis,	Jesus amável,
Iesu admirabilis,	Jesus admirável,
Iesu, Deus fortis,	Jesus, Deus forte,
Iesu, pater futuri sæculi,	Jesus, Pai do futuro século,
Iesu, magni consilii angele,	Jesus, Anjo do grande conselho,
Iesu potentissime,	Jesus poderosíssimo,
Iesu patientissime,	Jesus pacientíssimo,
Iesu obedientissime,	Jesus obedientíssimo,
Iesu, mitis et humilis corde,	Jesus, brando e humilde de coração,
Iesu, amator castitatis,	Jesus, amante da castidade,
Iesu, amator noster,	Jesus, amador nosso,
Iesu, Deus pacis,	Jesus, Deus da paz,
Iesu, auctor vitæ,	Jesus, autor da vida,
Iesu, exemplar virtutum,	Jesus, exemplar das virtudes,
Iesu, zelator animarum,	Jesus, zelador das almas,
Iesu, Deus noster,	Jesus, nosso Deus,
Iesu, refugium nostrum,	Jesus, nosso refúgio,
Iesu, pater pauperum,	Jesus, Pai dos pobres,
Iesu, thesaure fidelium,	Jesus, tesouro dos fiéis,
Iesu, bone pastor,	Jesus, bom Pastor,
Iesu, lux vera,	Jesus, luz verdadeira,
Iesu, sapientia æterna,	Jesus, sabedoria eterna,
Iesu, bonitas infinita,	Jesus, bondade infinita,

Iesu, via et vita nostra,	Jesus, nosso caminho e nossa vida,
Iesu, gaudium Angelorum,	Jesus, alegria dos anjos,
Iesu, rex Patriarcharum,	Jesus, Rei dos patriarcas,
Iesu, magister Apostolorum,	Jesus, Mestre dos apóstolos,
Iesu, doctor Evangelistarum,	Jesus, Doutor dos evangelistas,
Iesu, fortitudo Martyrum,	Jesus, fortaleza dos mártires,
Iesu, lumen Confessorum,	Jesus, luz dos confessores,
Iesu, puritas Virginum,	Jesus, pureza das virgens,
Iesu, corona sanctorum omnium,	Jesus, coroa de todos os santos,
Propitius esto; parce nobis, Iesu.	Sede-nos propício; perdoai-nos, Jesus.
Propitius esto; exaudi nos, Iesu.	Sede-nos propício; ouvi-nos, Jesus.
Ab omni malo, **libera nos**, Iesu.	De todo o mal, **livrai-nos**, Jesus.
Ab omni peccato,	De todo o pecado,
Ab ira tua,	De vossa ira,
Ab insidiis diaboli,	Das ciladas do demônio,
A spiritu fornicátionis,	Do espírito da impureza,
A morte perpetua,	De morte eterna,
A neglectu inspirationum tuarum,	Do desprezo das vossas inspirações,
Per mysterium sanctæ incarnationis tuæ,	Pelo mistério da vossa santa Encarnação,
Per nativitatem tuam,	Pela vossa natividade,
Per infantiam tuam,	Pela vossa infância,
Per divinissimam vitam tuam,	Pela vossa santíssima vida,
Per labores tuos,	Pelos vossos trabalhos,
Per agoniam et passionem tuam,	Pela vossa agonia e paixão,
Per crucem et derelictionem tuam,	Pela vossa cruz e desamparo,
Per languores tuos,	Pelas vossas angústias,
Per mortem et sepulturam tuam,	Pela vossa morte e sepultura,

Per resurrectionem tuam,
Per ascensionem tuam,
Per sanctissimæ Eucharistiæ institutionem tuam,
Per gaudia tua,
Per gloriam tuam,
Agnus Dei, qui tollis peccata mundi, parce nobis, Iesu.
Agnus Dei, qui tollis peccata mundi, exaudi nos, Iesu.
Agnus Dei, qui tollis peccata mundi, miserere nobis, Iesu.
Iesu, audi nos.
Iesu, exaudi nos.
Oremus. Domine Iesu Christi, qui dixisti: Petite, et accipietis; quærite, et invenietis; pulsate, et aperietur vobis; quæsumus, da nobis, petentibus, divinissimi tui amoris affectum, ut te todo corde, ore et opere diligamus et a tua nunquam laude cessemus.

Sancti nominis tui, Domine, timorem pariter et amorem fac nos habere perpetuum; quia nunquam tua gubernatione destituis, quos in soliditate tuæ dilectionis instituis.
Qui vivis et regnas in sæcula sæculorum. Amen.

Pela vossa ressurreição,
Pela vossa ascensão,
Pela vossa instituição da Santíssima Eucaristia.
Pelas vossas alegrias,
Pela vossa glória,
Cordeiro de Deus, que tirais o pecado do mundo, perdoai-nos, Jesus.
Cordeiro de Deus, que tirais o pecado do mundo, ouvi-nos, Jesus.
Cordeiro de Deus, que tirais o pecado do mundo, tende piedade de nós, Jesus.
Jesus, ouvi-nos.
Jesus, atendei-nos.
Oremus. Senhor Jesus Cristo, que dissestes: Pedi e recebereis; buscai e achareis; batei e abrir-se-vos-á, nós vos suplicamos que concedais a nós, que vo-lo pedimos, os sentimentos afetivos de vosso divino amor, a fim de que nós vos amemos de todo o coração e que esse amor transcenda por nossas ações, sem que deixemos de vos amar.
Permiti que tenhamos sempre, Senhor, um igual temor e amor pelo vosso santo nome; pois não deixais de governar aqueles que estabeleceis na firmeza do vosso amor. Vós que viveis e reinais pelos séculos dos séculos. Amém.

LADAINHA DO S. CORAÇÃO DE JESUS

Kyrie, eleison.	Senhor, tende piedade de nós.
Christe, eleison.	Jesus Cristo, tende piedade de nós.
Kyrie, eleison.	Senhor, tende piedade de nós.
Christe, audi nos.	Jesus Cristo, ouvi-nos.
Christe, exaudi nos.	Jesus Cristo, atendei-nos.
Pater de cælis Deus, **miserere nobis**.	Pai celeste, que sois Deus, tende piedade de nós.
Fili, Redemptor mundi, Deus,	Filho, Redentor do mundo, que sois Deus,
Spiritus Sancte Deus,	Espírito Santo, que sois Deus,
Sancta Trinitas, unus Deus,	Santíssima Trindade, que sois um só Deus,
Cor Iesu, Filii Patris æterni,	Coração de Jesus, Filho do Pai Eterno,
Cor Iesu, in sinu Virginis Matris a Spiritu Sancto formatum,	Coração de Jesus, formado pelo Espírito Santo no seio da Virgem Mãe,
Cor Iesu, Verbo Dei substantialiter unitum,	Coração de Jesus, unido substancialmente ao Verbo de Deus,
Cor Iesu, maiestatis infinitæ,	Coração de Jesus, de majestade infinita,
Cor Iesu, templum Dei sanctum,	Coração de Jesus, templo santo de Deus,
Cor Iesu, tabernaculum Altissimi,	Coração de Jesus, tabernáculo do Altíssimo,
Cor Iesu, domus Dei et porta cæli,	Coração de Jesus, casa de Deus e porta do céu,
Cor Iesu, fornax ardens caritatis,	Coração de Jesus, fornalha ardente de caridade,
Cor Iesu, iustitiæ et amoris receptaculum,	Coração de Jesus, receptáculo de justiça o de amor,

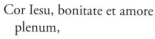

Cor Iesu, bonitate et amore plenum,	Coração de Jesus, cheio de bondade e de amor,
Cor Iesu, virtutum omnium abyssus,	Coração de Jesus, abismo de todas as virtudes,
Cor Iesu, omni laude dignissimum,	Coração de Jesus, digníssimo de todo o louvor,
Cor Iesu, rex et centrum omnium cordium,	Coração de Jesus, Rei e centro de todos os corações,
Cor Iesu, in quo sunt omnes thesauri sapientiæ et scientiæ,	Coração de Jesus, no qual estão todos os tesouros da sabedoria e ciência.
Cor Iesu, in quo habitat omnis plenitudo divinitatis,	Coração de Jesus, no qual habita toda a plenitude da divindade,
Cor Iesu, in quo Pater sibi bene complacuit,	Coração de Jesus, no qual o Pai põe as suas complacências,
Cor Iesu, de cuius plenitude omnes nos accepimus,	Coração de Jesus, de cuja plenitude nós todos participamos,
Cor Iesu, desiderium collium æternorum,	Coração de Jesus, desejo das colinas eternas,
Cor Iesu, patiens et multæ misericordiæ,	Coração de Jesus, paciente e misericordioso,
Cor Iesu, dives in omnes qui invocant te,	Coração de Jesus, rico para todos os que vos invocam,
Cor Iesu, fons vitæ et sanctitatis,	Coração de Jesus, fonte de vida e santidade,
Cor Iesu, propitiatio pro peccatis nostris,	Coração de Jesus, propiciação pelos nossos pecados,
Cor Iesu, saturatum opprobriis,	Coração de Jesus, saturado de opróbrios,
Cor Iesu, attritum propter scelera nostra,	Coração de Jesus, atribulado por causa de nossos crimes,
Cor Iesu, usque ad mortem obediens factum,	Coração de Jesus, feito obediente até à morte.
Cor Iesu, lancea perforatum,	Coração de Jesus, atravessado pela lança,

Cor Iesu, fons totius consolationis,	Coração de Jesus, fonte de toda a consolação,
Cor Iesu, vita et resurrectio nostra,	Coração de Jesus, nossa vida e ressurreição,
Cor Iesu, pax et reconciliatio nostra,	Coração de Jesus, nossa paz e reconciliação,
Cor Iesu, victima peccatorum,	Coração de Jesus, vítima dos pecadores,
Cor Iesu, salus in te sperantium,	Coração de Jesus, salvação dos que esperam em vós,
Cor Iesu, spes in te morientium,	Coração de Jesus, esperança dos que expiram em vós,
Cor Iesu, deliciæ Sanctorum omnium.	Coração de Jesus, delícia de todos os santos,
Agnus Dei, qui tollis peccata mundi, parce nobis, Domine.	Cordeiro de Deus, que tirais o pecado do mundo, perdoai-nos, Senhor.
Agnus Dei, qui tollis peccata mundi, exaudi nos, Domine.	Cordeiro de Deus, que tirais o pecado do mundo, ouvi-nos, Senhor.
Agnus Dei, qui tollis peccata mundi, miserere nobis.	Cordeiro de Deus, que tirais o pecado do mundo, tende piedade de nós.
℣. Iesu, mitis et humilis Corde,	℣. Jesus, manso e humilde de coração.
℟. Fac cor nostrum secundum Cor tuum.	℟. Fazei nosso coração semelhante ao vosso.
Oremus. Omnipotens sempiterne Deus, respice in Cor dilectissimi Filii tui, et in laudes et satisfactiones, quas in nomine peccatorum tibi persolvit, iisque misericordiam tuam petentibus, tu veniam concede placatus, in nomine eiusdem Filii tui Iesu IChristi, qui tecum vivit et regnat in sæcula sæculorum. Amen.	**Oremos.** Deus onipotente e eterno, olhai para o Coração de vosso Filho diletíssimo e para os louvores e as satisfações que Ele, em nome dos pecadores vos tributa; e aos que imploram a vossa misericórdia concedei benigno o perdão em nome do vosso mesmo Filho Jesus Cristo, que convosco vive e reina por todos os séculos dos séculos. Amém.

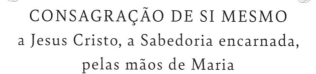

CONSAGRAÇÃO DE SI MESMO
a Jesus Cristo, a Sabedoria encarnada, pelas mãos de Maria

Ó Sabedoria eterna e encarnada! Ó amabilíssimo e adorável Jesus, verdadeiro Deus e verdadeiro homem, unigênito Filho do eterno Pai, e da sempre Virgem Maria, adoro-vos profundamente no seio e nos esplendores de vosso Pai, durante a eternidade, e no seio virginal de Maria, vossa Mãe digníssima, no tempo de vossa Encarnação.

Eu vos dou graças por vos terdes aniquilado a Vós mesmo, tomando a forma de escravo, para livrar-me do cruel cativeiro do demônio. Eu vos louvo e glorifico por vos terdes querido submeter a Maria, vossa Mãe Santíssima, em todas as coisas, a fim de por ela tornar-me vosso fiel escravo. Mas ai de mim, criatura ingrata e infiel! não cumpri as promessas que vos fiz solenemente no batismo. Não cumpri com minhas obrigações; não mereço ser chamado vosso filho nem vosso escravo, e, como nada há em mim que de Vós não tenha merecido repulsa e cólera, não ouso aproximar-me por mim mesmo de vossa santíssima e augustíssima majestade. É por esta razão que recorro à intercessão de vossa Mãe Santíssima, que me destes por medianeira junto a Vós, e é por este meio que espero obter de Vós a contrição e o perdão de meus pecados, a aquisição e conservação da sabedoria.

Ave, pois, ó Maria Imaculada, tabernáculo vivo da Divindade, onde a eterna Sabedoria escondida quer ser adorada pelos anjos e pelos homens!

Ave, ó Rainha do céu e da terra, a cujo império é submetido tudo o que está abaixo de Deus!

Ave, ó seguro refúgio dos pecadores, cuja misericórdia a ninguém falece! Atendei ao desejo que tenho da divina Sabedoria, e recebei, para este fim, os votos e as oferendas, apresentadas pela minha baixeza.

Eu, N..., infiel pecador, renovo e ratifico hoje, em vossas mãos, os votos do batismo. Renuncio para sempre a satanás, suas pompas e suas obras, e dou-me inteiramente a Jesus Cristo, Sabedoria encarnada, para segui-lo levando minha cruz, em todos os dias de minha vida. E, a fim de lhe ser mais fiel do que até agora tenho sido, escolho-vos neste dia, ó Maria Santíssima, em presença de toda a corte celeste, para minha Mãe e minha Senhora.

Entrego-vos e consagro-vos, na qualidade de escravo, meu corpo e minha alma, meus bens interiores e exteriores, e até o valor de minhas obras boas passadas, presentes e futuras, deixando-vos direito pleno e inteiro de dispor de mim e de tudo o que me pertence, sem exceção, a vosso gosto, para maior glória de Deus, no tempo e na eternidade. Recebei, ó benigníssima Virgem, esta pequena oferenda de minha escravidão, em união e em honra à vossa maternidade; em homenagem ao poder que tendes ambos sobre este vermezinho e miserável pecador; em ação de graças pelos privilégios com que vos favoreceu a Santíssima Trindade. Protesto que quero, dora em diante, como vosso verdadeiro escravo, buscar vossa honra e obedecer-vos em todas as coisas. Ó Mãe admirável, apresentai-me a vosso amado Filho, na qualidade de escravo perpétuo, para que, tendo-me remido por vós, por vós também me receba favoravelmente. Ó Mãe de misericórdia, concedei-me a graça de obter a verdadeira Sabedoria de Deus, e de colocar-me, para este fim, no número daqueles a quem amais, ensinais, guiais, sustentais e protegeis como filhos e escravos vossos. Ó Virgem fiel, tornai-me em todos os pontos um tão perfeito discípulo, imitador e escravo da Sabedoria encarnada, Jesus Cristo, vosso Filho, que eu chegue um dia, por vossa intercessão e a vosso exemplo, à plenitude de sua idade na terra e de sua glória nos céus. Assim seja.

O SANTO ROSÁRIO
Método para rezar com fruto o S. Rosário, segundo São Luís Maria

Uno-me a todos os santos que estão no céu, a todos os justos que estão sobre a terra, a todas as almas fiéis que estão neste lugar. Uno-me a Vós, meu Jesus, para louvar dignamente vossa santa Mãe, e louvar-vos a Vós, nela e por ela. Renuncio a todas as distrações que me vierem durante este Rosário, que quero recitar com modéstia, atenção e devoção, como se fosse o último de minha vida.

Nós vos oferecemos, Trindade Santíssima, este **Credo**, para honrar os mistérios todos de nossa fé; este **Pater** e estas três **Ave-Marias**, para honrar a unidade de vossa essência e a trindade de vossas pessoas. Pedimo-vos uma fé viva, uma esperança firme e uma caridade ardente.

Credo, Pai-nosso, três Ave-Marias, Glória-ao-Pai.

Mistérios gozosos

I

Nós vos oferecemos, Senhor Jesus, esta primeira dezena, em honra de vossa Encarnação no seio de Maria; e vos pedimos, por este mistério e por sua intercessão, uma profunda humildade. Assim seja.

Pai-nosso, dez Ave-Marias, Glória-ao-Pai. Graças ao mistério da Encarnação, descei em nossas almas. Assim seja.

II

Nós vos oferecemos, Senhor Jesus, esta segunda dezena, em honra da visitação de vossa santa Mãe à sua prima Santa Isabel e da santificação de São João Batista; e vos pedimos, por este mistério e pela intercessão de vossa Mãe Santíssima, a caridade para com nosso próximo. Assim seja.

Pai-nosso, dez Ave-Marias, Glória-ao-Pai.

Graças ao mistério da visitação, descei em nossas almas. Assim seja.

III

Nós vos oferecemos, Senhor Jesus, esta terceira dezena, em honra de vosso nascimento no estábulo de Belém; e vos pedimos, por este mistério e pela intercessão de vossa Mãe Santíssima, o desapego dos bens terrenos, o desprezo das riquezas e o amor da pobreza. Assim seja.

Pai-nosso, dez Ave-Marias, Glória-ao-Pai. Graças ao mistério do nascimento de Jesus, descei em nossas almas. Assim seja.

IV

Nós vos oferecemos, Senhor Jesus, esta quarta dezena, em honra de vossa apresentação no templo, e da purificação de Maria; e vos pedimos, por este mistério e por sua intercessão, uma grande pureza de corpo e alma. Assim seja.

Pai-nosso, dez Ave-Marias, Glória-ao-Pai. Graças ao mistério da purificação, descei em nossas almas. Assim seja.

V

Nós vos oferecemos, Senhor Jesus, esta quinta dezena, em honra de vosso reencontro por Maria; e vos pedimos, por este mistério e por sua intercessão, a verdadeira sabedoria.

Pai-nosso, dez Ave-Marias, Glória-ao-Pai.

Graças ao mistério do reencontro de Jesus, descei em nossas almas. Assim seja.

Mistérios dolorosos
VI

Nós vos oferecemos, Senhor Jesus, esta sexta dezena, em honra de vossa agonia mortal no Jardim das Oliveiras; e vos pedimos, por este mistério e pela intercessão de vossa Mãe Santíssima, a contrição de nossos pecados. Assim seja.

Pai-nosso, dez Ave-Marias, Glória-ao-Pai. Graças ao mistério da agonia de Jesus, descei em nossas almas. Assim seja.

VII

Nós vos oferecemos, Senhor Jesus, esta sétima dezena, em honra de vossa sangrenta flagelação; e vos pedimos, por este mistério e pela intercessão de vossa Mãe Santíssima, a mortificação de nossos sentidos. Assim seja.

Pai-nosso, dez Ave-Marias, Glória-ao-Pai.

Graças ao mistério da flagelação de Jesus, descei em nossas almas. Assim seja.

VIII

Nós vos oferecemos, Senhor Jesus, esta oitava dezena, em honra de vossa coroação de espinhos; e vos pedimos por este mistério e pela intercessão de vossa Mãe Santíssima, o desprezo do mundo. Assim seja.

Pai-nosso, dez Ave-Marias, Glória-ao-Pai.

Graças ao mistério da coroação de espinhos, descei em nossas almas. Assim seja.

IX

Nós vos oferecemos, Senhor Jesus, esta nona dezena, em honra do carregamento da cruz; e vos pedimos, por este mistério e pela intercessão de vossa Mãe Santíssima, a paciência em todas as nossas cruzes. Assim seja.

Pai-nosso, dez Ave-Marias, Glória-ao-Pai.

Graças ao mistério do carregamento da cruz, descei em nossas almas. Assim seja.

X

Nós vos oferecemos, Senhor Jesus, esta décima dezena, em honra de vossa crucifixão e morte ignominiosa sobre o Calvário; e vos pedimos, por este mistério e pela intercessão de vossa Mãe Santíssima, a conversão dos pecadores, a perseverança dos justos e o alívio das almas do purgatório. Assim seja.

Pai-nosso, dez Ave-Marias, Glória-ao-Pai.

Graças ao mistério da crucifixão de Jesus, descei em nossas almas. Assim seja.

Mistérios gloriosos
XI

Nós vos oferecemos, Senhor Jesus, esta undécima dezena, em honra de vossa ressurreição gloriosa; e vos pedimos, por este mistério e pela intercessão de vossa Mãe Santíssima, o amor de Deus e o fervor no vosso serviço. Assim seja.

Pai-nosso, dez Ave-Marias, Glória-ao-Pai.

Graças ao mistério da ressurreição, descei em nossas almas. Assim seja.

XII

Nós vos oferecemos, Senhor Jesus, esta duodécima dezena, em honra de vossa triunfante ascensão; e vos pedimos, por este mistério e pela intercessão de vossa Mãe Santíssima, um ardente desejo do céu, nossa cara pátria. Assim seja.

Pai-nosso, dez Ave-Marias, Glória-ao-Pai.

Graças ao mistério da ascensão, descei em nossas almas. Assim seja.

XIII

Nós vos oferecemos, Senhor Jesus, esta décima terceira dezena, em honra do mistério de Pentecostes; e vos pedimos, por este mistério e pela intercessão de vossa Mãe Santíssima, a descida do Espírito Santo em nossas almas. Assim seja.

Pai-nosso, dez Ave-Marias, Glória-ao-Pai.

Graças ao mistério de Pentecostes, descei em nossas almas. Assim seja.

XIV

Nós vos oferecemos, Senhor Jesus, esta décima quarta dezena, em honra da ressurreição e triunfal assunção de vossa Mãe ao céu; e vos pedimos, por este mistério e por sua intercessão, uma terna devoção a tão boa Mãe. Assim seja.

Pai-nosso, dez Ave-Marias, Glória-ao-Pai.

Graças ao mistério da assunção, descei em nossas almas. Assim seja.

XV

Nós vos oferecemos, Senhor Jesus, esta décima quinta dezena, em honra da coroação gloriosa de vossa Mãe Santíssima no céu; e vos pedimos, por este mistério e por sua intercessão, a perseverança na graça e a coroa da glória. Assim seja.

Pai-nosso, dez Ave-Marias, Glória-ao-Pai.

Graças ao mistério da coroação gloriosa de Maria, descei em nossas almas. Assim seja.

Eu vos saúdo, Maria, Filha bem-amada do eterno Pai, Mãe admirável do Filho, Esposa mui fiel do Espírito Santo, templo augusto da Santíssima Trindade; eu vos saúdo, soberana Princesa, a quem tudo está submisso no céu e na terra; eu vos saúdo, seguro refúgio dos pecadores, nossa Senhora da misericórdia, que jamais repelistes pessoa alguma. Pecador que sou, me prostro a vossos pés, e vos peço de me obter de Jesus, vosso amado Filho, a contrição e o perdão de todos os meus pecados, e a divina sabedoria. Eu me consagro todo a vós, com tudo o que possuo. Eu vos tomo, hoje, por minha Mãe e Senhora. Tratai-me, pois, como o último de vossos filhos e o mais obediente de vossos escravos. Atendei, minha Princesa, atendei aos suspiros de um coração que deseja amar-vos e servir-vos fielmente. Que ninguém diga que, entre todos que a vós recorreram, seja eu o primeiro desamparado. Ó minha esperança, ó minha vida, ó minha fiel e imaculada Virgem Maria, defendei-me, nutri-me, escutai-me, instruí-me, salvai-me. Assim seja.

PEQUENA COROA DA SANTÍSSIMA VIRGEM

℣. Dignáre me laudáre te, Virgo sacráta.
℟. Da mihi virtutem contra hostes tuos.
Credo in Deum.

℣. Concedei-me que vos louve, Virgem sagrada.
℟. Dai-me valor contra os vossos inimigos.
Creio em Deus.

I.

Pater noster.
Ave, Maria.
Beata es, Virgo Maria, quæ Dominum portasti, Creatorem mundi: genuisti qui te fecit, et in æternum permanes virgo.
℣. Gaude, Maria Virgo.
℟. Gaude millies.
Ave, Maria.
Sancta et immaculata virginitas, quibus te laudibus efferam nescio: quia quem cæli capere non poterant, tuo gremio contulisti.

Pai-nosso.
Ave, Maria.
Sois bem-aventurada, Virgem Maria, que levastes em vosso seio o Senhor, Criador do mundo; destes à luz a quem vos formou, e sois Virgem perpétua.
℣. Alegrai-vos, Virgem Maria.
℟. Alegrai-vos mil vezes.
Ave, Maria.
Ó santa e imaculada virgindade, não sei com que louvores vos possa exaltar; pois quem os céus não podem conter, vós o levastes em vosso seio.

203

℣. Gaude, Maria Virgo.
℟. Gaude millies.
Ave, Maria.
Tota pulchra es, Maria, et macula originalis non est in te.
℣. Gaude, Maria Virgo.
℟. Gaude millies.
Ave, Maria.
Tot tibi sunt dotes, Virgo, quot sidera cælo.

℣. Gaude, Maria Virgo.
℟. Gaude millies.
Gloria Patri.

℣. Alegrai-vos, Virgem Maria.
℟. Alegrai-vos mil vezes.
Ave, Maria.
Sois toda formosa, Virgem Maria, e não há mancha em vós.
℣. Alegrai-vos, Virgem Maria.
℟. Alegrai-vos mil vezes.
Ave, Maria.
Possuís, ó Virgem Santíssima, tantos privilégios, quantas são as estrelas no céu.
℣. Alegrai-vos, Virgem Maria.
℟. Alegrai-vos mil vezes.
Glória ao Pai.

II.

Pater noster.
Ave, Maria.
Gloria tibi sit, Imperatrix poli: tecum nos perducas ad gaudia cæli.
℣. Gaude, Maria Virgo.
℟. Gaude millies.
Ave, Maria.
Gloria tibi sit, Thesauraria gratiarum Domini: fac nos participes thesauri tui.
℣. Gaude, Maria Virgo.
℟. Gaude millies.
Ave, Maria.
Gloria tibi sit, Mediatrix inter Deum et hominem: fac nobis propitium Omnipotentem.
℣. Gaude, Maria Virgo.

Pai-nosso.
Ave, Maria.
Glória a vós, imperatriz do céu; conduzi-nos convosco aos gozos do paraíso.
℣. Alegrai-vos, Virgem Maria.
℟. Alegrai-vos mil vezes.
Ave, Maria.
Glória a vós, tesoureira das graças do Senhor; dai-nos parte em vosso tesouro.
℣. Alegrai-vos, Virgem Maria.
℟. Alegrai-vos mil vezes.
Ave, Maria.
Glória a vós, medianeira entre Deus e os homens, tornai-nos propício o Todo-poderoso.
℣. Alegrai-vos, Virgem Maria.

℟. Gaude millies.
Ave, Maria.
Gloria tibi sit, hæresum et dæmonum interemptrix: sis pia nostra gubernatrix.
℣. Gaude, Maria Virgo.
℟. Gaude millies.
Gloria Patri.

℟. Alegrai-vos mil vezes.
Ave, Maria.
Glória a vós, que esmagais as heresias e o demônio: sede nossa bondosa guia.
℣. Alegrai-vos, Virgem Maria.
℟. Alegrai-vos mil vezes.
Glória ao Pai.

III.

Pater noster.
Ave, Maria.
Gloria tibi sit, refugium peccatorum: intercede pro nobis ad Dominum.
℣. Gaude, Maria Virgo.
℟. Gaude millies.
Ave, Maria.
Gloria tibi sit, orphanorum Mater: fac nobis propitius sit omnipotens Pater.
℣. Gaude, Maria Virgo.
℟. Gaude millies.
Ave, Maria.
Gloria tibi sit, lætitia iustorum: tecum nos perducas ad gaudia cælorum.
℣. Gaude, Maria Virgo.
℟. Gaude millies.
Ave, Maria.
Gloria tibi sit, in vita et morte adiutrix præsentissima: tecum nos perducas ad cælorum regna.
℣. Gaude, Maria Virgo.
℟. Gaude millies.
Gloria Patri.

Pai-nosso.
Ave, Maria.
Glória a vós, refúgio dos pecadores; intercedei por nós junto ao Senhor.
℣. Alegrai-vos, Virgem Maria.
℟. Alegrai-vos mil vezes.
Ave, Maria.
Glória a vós, Mãe dos órfãos; fazei que nos seja propício o Pai todo-poderoso.
℣. Alegrai-vos, Virgem Maria.
℟. Alegrai-vos mil vezes.
Ave, Maria.
Glória a vós, alegria dos justos; conduzi-nos convosco às alegrias do céu.
℣. Alegrai-vos, Virgem Maria.
℟. Alegrai-vos mil vezes.
Ave, Maria.
Glória a vós, nossa auxiliadora mui prestimosa na vida e na morte; conduzi-nos convosco ao reino do céu.
℣. Alegrai-vos, Virgem Maria.
℟. Alegrai-vos mil vezes.
Glória ao Pai.

Oremus. Ave, Maria, Filia Dei Patris. Ave, Maria, Mater Dei Filii. Ave, Maria, Sponsa Spiritus Sancti. Ave, Maria, templum totius Trinitatis. Ave, Maria, domina mea, bona mea, rosa mea, regina cordis mei, mater, vita, dulcedo et spes nostra carissima, imo cor meum et anima mea.

Oremus. Ave, Maria, Filia Dei Patris. Ave, Maria, Mater Dei Filii. Ave, Maria, Sponsa Spiritus Sancti. Ave, Maria, templum totius Trinitatis. Ave, Maria, domina mea, bona mea, rosa mea, regina cordis mei, mater, vita, dulcedo et spes nostra carissima, imo cor meum et anima mea.

Tuus ego sum, et omnia mea tua sunt, o Virgo super omnia benedicta. Sit ergo in me anima tua, ut magnificet Dominum; sit in me spiritus tuus, ut exsultet in Deo. Pone te, Virgo fidelis, ut signaculum super cor meum, ut in te et per te Deo fidelis inveniar. Largire, o benigna, ut illis annumerer quos tamquam filios amas, doces, dirigis, foves, protegis.

Oremos. Ave, Maria, Filha de Deus Pai. Ave, Maria, Mãe de Deus Filho. Ave, Maria, Esposa do Espírito Santo. Ave, Maria, templo da Santíssima Trindade. Ave, Maria, Senhora minha, meu bem, meu amor, Rainha do meu coração, Mãe, vida, doçura e esperança minha mui querida, meu coração e minha alma.

Oremos. Ave, Maria, Filha de Deus Pai. Ave, Maria, Mãe de Deus Filho. Ave, Maria, Esposa do Espírito Santo. Ave, Maria, templo da Santíssima Trindade. Ave, Maria, Senhora minha, meu bem, meu amor, Rainha do meu coração, Mãe, vida, doçura e esperança minha mui querida, meu coração e minha alma.

Sou todo vosso, e tudo que possuo é vosso, ó Virgem sobre todos bendita. Esteja, pois, em mim vossa alma, para engrandecer o Senhor, esteja em mim vosso espírito, para rejubilar em Deus. Colocai-vos, ó Virgem fiel, como selo sobre meu coração, para que, em vós e por vós, seja eu achado fiel a Deus. Concedei, ó Mãe de misericórdia, que me encontre no número dos que amais, ensinais, guiais, sustentais e protegeis como filhos.

Fac ut, amore tui, terrenas omnes spernens consolationes, cælestibus semper inhæream; donec in me, per Spiritum Sanctum Sponsum tuum fidelissimum, et te fidelissiman eius sponsam, formetur Iesus Christus Filius tuus, ad gloriam Patris. Amen.

Fazei que, por vosso amor, despreze todas as consolações da terra e aspire só às celestes; até que, para a glória do Pai, Jesus Cristo, vosso Filho, seja formado em mim, pelo Espírito Santo, vosso Esposo fidelíssimo, e por vós, sua Esposa mui fiel. Assim seja.

SUB TUUM

Sub tuum præsidium confugimus, sancta Dei Genitrix: nostras deprecationes ne despicias in necessitatibus; sed a periculis cunctis libera nos semper, Virgo gloriosa et benedicta.

À vossa proteção recorremos, santa Mãe de Deus; não desprezeis as nossas súplicas em nossas necessidades; mas livrai-nos sempre de todos os perigos, ó Virgem gloriosa e bendita.

ORAÇÃO A JESUS VIVENDO EM MARIA

O Iesu vivens in Maria,
veni et vive in famulis tuis,
in spiritu sanctitatis tuæ,
in plenitudine virtutis tuæ,
in perfectione viarum tuarum,
in veritate virtutum tuarum,
in communione mysteriorum
 tuorum,
dominare omni adversæ
 potestati,
in spiritu tuo ad gloriam Patris.
 Amen

Ó Jesus que viveis em Maria,
vinde e vivei em vossos servos,
no espírito de vossa santidade.
na plenitude de vossa força,
na perfeição de vossas vias,
na verdade de vossas virtudes,
na comunhão de vossos
 mistérios.
dominai sobre toda a potestade
 inimiga,
em vosso espírito para glória do
 Pai. Amém

ORAÇÃO A JESUS

Meu amável Jesus, permiti que eu me dirija a Vós, para vos testemunhar o reconhecimento pela graça que me tendes feito, dando-me a vossa Santa Mãe pela devoção da escravidão, para ser minha advogada junto à vossa majestade e o complemento universal da minha grande miséria. Infeliz de mim, Senhor, que sou tão miserável que, sem esta boa Mãe, estaria infalivelmente perdido. Sim, em tudo Maria me é necessária junto de vós; necessária, para vos aplacar em vossa justa cólera, pois vos tenho ofendido tanto, todos os dias; necessária, para sustar os castigos eternos de vossa justiça, que mereço; necessária, para vos olhar, para vos falar, vos pedir, vos tornar propício e vos agradar; necessária, para salvar a minha alma e a dos outros; necessária, em uma palavra, para fazer sempre a vossa santa vontade e buscar em tudo a vossa maior glória. Ah! se eu pudesse publicar pelo universo esta misericórdia que tivestes comigo; se todo o mundo soubesse que, sem Maria, eu já estaria condenado; se eu pudesse dar dignas ações de graças por tão grande benefício. Maria está em mim, *haec facta est mi hi*. Oh! que tesouro! que consolação! E, depois disto, não me entregaria eu todo a ela? Oh! que ingratidão, meu caro Salvador! Antes morrer do que esta desgraça!

Prefiro morrer a viver sem ser todo de Maria. Mil e mil vezes a tomei por todo o meu bem, como São João Evangelista ao pé da cruz, e outras tantas vezes me entreguei a ela. Mas, meu bom Jesus, se ainda não o fiz conforme os vossos desejos, faço-o agora como quereis que o faça. Se vedes alguma coisa em minha alma e meu corpo que não pertença a esta augusta Princesa, peço-vos arrancar-mo e lançá-lo fora, porque tudo que não pertence a Maria é indigno de Vós.

Ó Espírito Santo, concedei-me todas estas graças; e plantai, orvalhai e cultivai em minha alma a amável Maria, que é a árvore de vida verdadeira, a fim de que cresça, floresça e dê fruto de vida em abundância. Ó Espírito Santo, dai-me uma grande devoção e uma grande predileção por vossa Esposa divina, um grande apoio em seu seio de mãe e um recurso contínuo em sua misericórdia, para que nela formeis em mim Jesus Cristo ao vivo, grande e poderoso, até à plenitude de sua idade perfeita. Assim seja.

ORAÇÃO A MARIA, PARA SEUS FIÉIS SERVOS

Ave, Maria, Filha bem-amada do Pai eterno; ave, Maria, Mãe admirável do Filho; ave, Maria, Esposa fidelíssima do Espírito Santo; ave, Maria, minha querida Mãe, minha amável Senhora e poderosa soberana; ave, minha alegria, minha glória, meu coração e minha alma! Vós me pertenceis toda por misericórdia, e eu vos pertenço todo por justiça; mas não vos pertenço bastante ainda; de novo me dou a vós todo inteiro, na qualidade de escravo perpétuo, sem nada reservar para mim ou para outrem. Se vedes em mim qualquer coisa que não vos pertença, eu vos suplico de tirá-la agora, e de vos tornar Senhora absoluta de tudo o que possuo; de destruir e desarraigar e aniquilar tudo o que desagrada a Deus; e de plantar tudo e promover e operar tudo o que vos agradar. Que a luz de vossa fé dissipe as trevas de meu espírito; que vossa humildade profunda tome o lugar de meu orgulho; que vossa contemplação sublime suste as distrações de minha imaginação vagabunda; que a vossa vista contínua de Deus encha a minha memória de sua presença; que o incêndio de vosso coração dilate e abrase a tibieza e frieza do meu; que vossas virtudes substituam os meus pecados; que vossos méritos sejam o meu ornamento e suplemento perante Deus. Enfim, mui querida e bem-amada Mãe, fazei, se possível for, que não tenha outro espírito senão o vosso, para conhecer Jesus Cristo e suas divinas vontades; que não tenha outra alma senão a vossa, para louvar e glorificar o Senhor; que não tenha outro coração senão o vosso, para amar a Deus com um amor puro e ardente como vós. Não vos peço visões ou revelações ou gozos ou prazeres, nem mesmo espirituais. É privilégio vosso ver claramente, sem trevas; gozar plenamente, sem amargor; triunfar gloriosamente à direita de vosso Filho, no céu, sem humilhação alguma; dominar absolutamente sobre os anjos, os homens e os demônios, sem resistência, e, enfim, de dispor de todos os bens de Deus, sem restrição alguma. Eis, divina Maria, a ótima parte que o Senhor vos deu e que não vos será tirada; e isto me deleita sobremaneira. Por minha parte, não quero nesta terra senão o que vós tivestes, a saber: crer puramente, sem nada gozar ou ver; sofrer alegremente, sem consolação de criaturas; morrer continuamente a mim mesmo, sem relaxamento; e trabalhar resolutamente, até à morte, por vós, sem interesse algum, como o mais vil dos escravos. A única graça que vos peço, por pura misericórdia, é que, a todos os dias e momentos de minha vida, eu diga três vezes **Amém: Assim seja**, a tudo que fizestes na terra, enquanto nela vivestes. **Assim seja**, a tudo que fazeis agora no céu. **Assim seja**, a tudo que operais em minha alma, a fim de que nela só vós estejais para glorificar plenamente a Jesus em mim, no tempo e na eternidade. Assim seja.

MAGNIFICAT

Magnificat * anima mea Dominum.	Minha alma engrandece ao Senhor.
Et exsultavit spiritus meus * in Deo salutari meo.	E meu espírito se transporta em santa alegria em Deus meu Salvador.
Quia respexit humilitatem ancillæ suæ * ecce enim ex hoc beatam me dicent omnes generationes.	Porque pôs os olhos em sua humilde escrava; por isso todas as gerações me chamarão bem-aventurada.
Quia fecit mihi magna qui potens est * et sanctum nomen eius.	Grandes maravilhas obrou comigo o onipotente, cujo nome é santo.
Et misericordia eius a progenie in progenies, * timentibus eum.	Cuja misericórdia se estende de geração em geração em todos os que o temem.
Fecit potentiam in brachio suo; * dispersit super- bos mente cordis suis.	Assim ostenta o poder de seu braço, transtorna os desígnios dos soberbos.
Deposuit potentes de sede * et exaltavit humiles.	Derruba os poderosos do seu assento, e exalta os humildes.
Esurientes implevit bonis, * et divites dimisit inanes.	Enche de bens os necessitados e os ricos deixa vazios.
Suscepit Israel puerum suum: * recordatus misericordiæ; suæ.	Decretou exaltar Israel seu povo, lembrando-se de sua misericórdia.
Sicut locutus est ad patres nostros, * Abraham et semini eius in sæcula.	Para cumprir a promessa que fez aos nossos pais, Abraão e a todos os seus descendentes.
Gloria Patri et Filio * et Spiritui Sancto.	Glória ao Pai e ao Filho e ao Espírito Santo.
Sicut erat in principio et nunc et semper, * et in sæcula sæculorum. Amen.	Assim como era no princípio, agora e sempre, e por todos os séculos dos séculos. Amém.

PRECE DE SÃO LUÍS MARIA GRIGNION DE MONTFORT PEDINDO A DEUS MISSIONÁRIOS PARA A SUA COMPANHIA DE MARIA

Lembrai-vos, Senhor, lembrai-vos da vossa Congregação que desde o princípio vos pertenceu, e em que pensastes desde toda a eternidade; que seguráveis na vossa mão onipotente, quando, com uma palavra, tiráveis do nada o universo; e que escondíeis ainda em vosso coração, quando vosso Filho, morrendo na cruz, a consagrou por sua morte, e a entregou, qual precioso depósito, à solicitude de sua Mãe Santíssima: **Memor esto Congregationis tuae quam possedisti ab initio.**

Atendei aos desígnios de vossa misericórdia, suscitai homens da vossa destra, tais quais mostrastes a alguns de vossos maiores servos, a quem destes luzes proféticas, a um São Francisco de Paula, a um São Vicente Ferrer, a uma Santa Catarina de Sena, e a tantas outras grandes almas, no século passado e até neste, em que vivemos.

Memento: Onipotente Deus, lembrai-vos desta Companhia, ostentando sobre ela a onipotência de vosso braço, que não diminuiu, para dar-lhe a luz e produzi-la, e para conduzi-la à perfeição. **Innova signa, immuta mirabilia, sentiamus adiutorium brachii tui.**

Ó grande Deus que podeis fazer das pedras brutas outros tantos filhos de Abraão, dizei uma só palavra como Deus, e virão logo bons obreiros para a vossa seara, bons missionários para a vossa Igreja.

Memento: Deus de bondade, lembrai-vos de vossas antigas misericórdias, e, por essas mesmas misericórdias, lembrai-vos da vossa Congregação; lembrai-vos das promessas reiteradas que nos tendes feito, por vossos profetas e pelo vosso próprio Filho, de sempre atender favoravelmente a todos os nossos pedidos justos. Lembrai-vos das preces que, desde tantos séculos, vossos servos e servas para este fim vos têm dirigido; venham à vossa presença seus votos, seus soluços, suas lágrimas e seu sangue derramado, e poderosamente solicitem vossa misericórdia. Mas lembrai-vos sobretudo de vosso amado Filho: **Respice in faciem Christi tui.** Contemplem vossos olhos sua agonia, sua confusão, o seu amoroso queixume no Jardim das Oliveiras, quando disse: **Quae utilitas in sanguine meo?** Sua cruel morte e seu sangue derramado altamente vos clamam misericórdia, a fim de que, por meio desta Congregação, seja seu império estabelecido sobre os escombros do de seus inimigos.

Memento: Lembrai-vos, Senhor, desta Comunidade nos efeitos de vossa justiça. **Tempus faciendi, Domine, dissipaverunt legem tuam:** é tempo de cumprir o que prometestes. Vossa divina fé é transgredida; vosso Evangelho desprezado; abandonada, vossa religião; torrentes de iniquidade inundam toda a terra, e arrastam até os vossos servos; a terra toda está desolada: **Desolatione desolata est omnia terra;** a impiedade está sobre um trono; vosso santuário é profanado, e a abominação entrou até no lugar santo. E assim deixareis tudo ao abandono, justo Senhor, Deus das vinganças? Tornar-se-á tudo afinal como Sodoma e Gomorra? Caiar-vos-eis sempre? Não cumpre que seja feita a vossa vontade, assim na terra como no céu, e que a nós venha o vosso reino? Não mostrastes antecipadamente a alguns de vossos amigos uma futura renovação de vossa Igreja? Não se devem os judeus converter à verdade? Não é esta a expectativa da Igreja? Não vos clamam todos os santos do céu: "Justiça! **Vindica?**" Não vos dizem todos os justos da terra: **Amen, veni, Domine!** Não gemem todas as criaturas, até as mais insensíveis, sob o peso dos inumeráveis pecados de Babilônia, pedindo a vossa vinda para restabelecer todas as coisas? **Omnis creatura ingemiscit.**

Senhor Jesus, **memento Congregationis tuae.** Lembrai-vos de dar à vossa Mãe uma nova Companhia, a fim de por ela renovar todas as coisas, e a fim de terminar por Maria Santíssima os anos de graça, assim como por ela os começastes.

Da Matri tuae liberos, alioquin moriar: dai filhos e servos à vossa Mãe: quando não, fazei que eu morra. **Da Matri tuae.** É por vossa Mãe que vos imploro. Lembrai-vos de suas entranhas e de seu seio, e não rejeiteis minhas súplicas; lembrai-vos de quem sois Filho, e atendei-me; lembrai-vos do que ela é para Vós e do que sois para ela, e satisfazei a meus votos. Que vos peço eu? Nada em meu favor, tudo para vossa glória. Que vos peço eu? O que podeis, e até ouso dizer, o que deveis conceder-me, como verdadeiro Deus que sois, a quem todo o poder foi dado no céu e na terra, e como o melhor dos filhos, que amais infinitamente vossa Mãe.

Que vos peço eu? **Liberos:** Sacerdotes, livres de vossa liberdade, desprendidos de tudo, sem pai, sem mãe, sem irmãos, sem irmãs, sem parentes segundo a carne, sem amigos segundo o mundo, sem bens, sem embaraços, sem cuidados, e até sem vontade própria.

Liberos: Escravos de vosso amor e de vossa vontade; homens segundo vosso coração, que, sem vontade própria que os macule e faça parar, executem todas as vossas vontades, e derrubem todos os vossos inimigos, ou para convertê-los; é sobre essa montanha que hão de aprender da própria boca de Jesus Cristo, que aí está sempre, a inteligência das suas oito bem-aventuranças; é sobre essa montanha de Deus que com Ele hão de ser transfigurados, como no Tabor, que hão de morrer com Ele, como no Calvário, e que hão de subir com Ele ao céu, como na montanha das Oliveiras. **Memento Congregationis tuae.** Só a Vós compete formar por vossa graça essa assembleia; se o homem meter mãos à obra antes de Vós, nada se fará; se quiser misturar o que é dele com o que é vosso, estragará tudo, destruirá tudo. **Tuae Congregationis:** é trabalho vosso, grande Deus: **Opus tuum fac,** fazei uma obra toda divina; ajuntai, chamai, convocai de todas as partes de vossos domínios vossos eleitos para deles fazer um exército contra vossos inimigos.

Vede, Senhor Deus dos exércitos, os capitães que formam companhias complexas, os potentados que ajuntam numerosos exércitos, os navegadores que reúnem frotas inteiras, os mercadores que se congregam em grande número nos mercados e nas feiras! Quantos bandidos, ímpios, ébrios e libertinos se unem em massa contra Vós todos os dias, e isto com tanta facilidade e prontidão! Basta soltar um assobio, rufar um tambor, mostrar a ponta embotada de uma espada, prometer um ramo seco de louros, oferecer um pedaço de terra amarela ou branca; basta, em poucas palavras, uma fumaça de honra, um interesse de nada, um mesquinho prazer animal que se tem em vista, para num instante reunir os bandidos, ajuntar os soldados, congregar os batalhões, convocar os mercadores, encher as casas e os mercados, e cobrir a terra e o mar que uma multidão, inumerável de réprobos, que, embora divididos todos entre si, ou pelo afastamento dos lugares, ou pela diversidade dos gênios, ou por seus próprios interesses, se unem, entretanto, e se ligam até à morte, para fazer-vos guerra sob o estandarte e sob o comando do demônio.

E nós, grande Deus! embora haja tanta glória e tanto lucro, tanta doçura e vantagem em servir-vos, quase ninguém tomará vosso partido? Quase nenhum soldado se alistará em vossas fileiras? Quase nenhum São Miguel clamará, no meio de seus irmãos, cheio de zelo para vossa glória: **Quis ut Deus?**

Ah! permiti que brade por toda parte: Fogo! Fogo! Fogo! Socorro! Socorro! Socorro! Fogo na casa de Deus! Fogo nas almas! Fogo até no santuário! Socorro, que assassinam nosso irmão! Socorro, que degolam nossos filhos! Socorro, que apunhalam nosso bom Pai! **Si quis est Domini,**

iungatur mihi: venham todos os bons sacerdotes que estão espalhados pelo mundo cristão, os que estão atualmente na peleja, e os que se retiraram do combate para se embrenharem pelos desertos e ermos, venham todos esses bons sacerdotes e se unam a nós. **Vis unita fit fortior,** para que formemos, sob o estandarte da cruz, um exército em boa ordem de batalha e bem disciplinado, para de concerto atacar os inimigos de Deus que já tocaram a rebate: "*Sonuerunt, frenduerunt, fremuerunt, multiplicati sunt. Dirumpamus vinçula eorum et proiiciamus a nobis iugum ipsorum. Qui habitat in caelis irridebit eos. Exsurgat Deus, et dissipentur inimici eius. Exsurge, Domine, quare obdormis? Exsurge*".

Erguei-vos, Senhor: por que pareceis dormir? Erguei-vos em todo o vosso poder, em toda a vossa misericórdia e justiça, para formar-vos uma companhia seleta de guardas que velem a vossa casa, defendam vossa glória e salvem tantas almas que custam todo o vosso sangue, para que só haja um aprisco e um pastor, e que todos vos rendam glória em vosso santo templo: "Et in templo eius omnes dicent gloriam".

Amém.

Índice

Sumário, 5
Não de recomendação, mas de oração, 7
Prefácio, 9
Introdução, 15
Capítulo I Necessidade da devoção à Santíssima Virgem, 21

Artigo I
PRINCÍPIOS, 22

Primeiro princípio. – Deus quis servir-se de Maria na Encarnação, 22
Segundo princípio. – Deus quer servir-se de Maria na santicação das almas, 24

Artigo II
CONSEQUÊNCIAS, 31

Primeira consequência. – Maria é a Rainha dos corações, 31
Segunda consequência. – Maria é necessária aos homens para chegarem ao seu último fim, 32

§ I. A devoção à Santa Virgem é necessária a todos os homens para conseguirem a salvação, 32

§ II. A devoção à Santíssima Virgem é mais necessária ainda àqueles chamados a uma perfeição particular, 34

§ III. A devoção à Santíssima Virgem será especialmente necessária nesses últimos tempos, 37

1) Papel especial de Maria nos últimos tempos, 37
2) Os apóstolos dos últimos tempos, 41

Capítulo II Verdades fundamentais da devoção à Santíssima Virgem, 45

Artigo I
Jesus Cristo é o fim último da devoção à Santíssima Virgem, 46

Artigo II
Pertencemos a Jesus Cristo e a Maria na qualidade de escravos, 52

Artigo III
Devemos despojar-nos do que há de mau em nós, 57

Artigo IV
Temos necessidade de um medianeiro junto do próprio medianeiro que é Jesus Cristo, 60

Artigo V
É muito difícil para nós conservar as graças e tesouros recebidos de Deus, 63

Capítulo III Escolha da verdadeira devoção à Santíssima Virgem, 67

Artigo I
Os sinais da falsa e da verdadeira devoção à Santíssima Virgem, 68

§ I. Os falsos devotos e as falsas devoções à Santíssima Virgem, 68
  1º) Os devotos críticos, 68
  2º) Os devotos escrupulosos, 69
  3º) Os devotos exteriores, 70
  4º) Os devotos presunçosos, 71
  5º) Os devotos inconstantes, 73
  6º) Os devotos hipócritas, 73
  7º) Os devotos interesseiros, 73

§ II. A verdadeira devoção à Santíssima Virgem, 74
  1º) A verdadeira devoção é interior, 74
  2º) A verdadeira devoção é terna, 75
  3º) A verdadeira devoção é santa, 75
  4º) A verdadeira devoção é constante, 75
  5º) A verdadeira devoção é desinteressada, 76

Artigo II
As práticas da verdadeira devoção à Santíssima Virgem, 78

§ I. As práticas comuns, 78
§ II. A prática perfeita, 81

Capítulo IV Da perfeita devoção à Santíssima Virgem ou a perfeita consagração de Jesus Cristo, 83

Artigo I
Uma perfeita e inteira consagração de si mesmo à Santíssima Virgem, 84

Artigo II
Uma perfeita renovação dos votos do batismo, 86
Respostas a algumas objeções, 88
Capítulo V Motivos que nos recomendam esta devoção, 93
Artigo I
Esta devoção nos põe inteiramente ao serviço de Deus, 94
Artigo II
Esta devoção nos leva a imitar o exemplo dado por Jesus Cristo,
e a praticar a humildade, 95
Artigo III
Esta devoção nos porporciona as boas graças da Santíssima Virgem, 99
§ I. Maria se dá a quem é seu escravo por amor, 99
§ II. Maria purifica nossas boas obras, embeleza-as e as torna aceitáveis a seu Filho, 100
Artigo IV
Esta devoção é um meio excelente de promover a
maior glória de Deus, 102
Artigo V
Esta devoção conduz à união com Nosso Senhor, 103
§ I. Esta devoção é um caminho fácil, 103
§ II. Esta devoção é um caminho curto, 105
§ III. Esta devoção é um caminho perfeito, 106
§ IV. Esta devoção é um caminho seguro, 108
Artigo VI
Esta devoção dá uma grande liberdade interior, 114
Artigo VII
Nosso próximo aufere grandes bens desta devoção, 115
Artigo VIII
Esta devoção é um meio admirável de perseverança, 116
Capítulo VI Figura bíblica desta perfeita devoção: Rebeca e Jacó, 123
Artigo I
Rebeca e Jacó, 124
§ I. História de Jacó, 124
§ II. Interpretação da história de Jacó, 125

221

1º) Esaú, figura dos réprobos, 125
2º) Jacó, figura dos predestinados, 127

Artigo II
A Santíssima Virgem e os seus escravos por amor, 133

§ I. Ela os ama, 133
§ II. Ela os mantém, 137
§ III. Ela os conduz, 137
§ IV. Ela os defende e protege, 138
§ V. Ela intercede por eles, 139

Capítulo VII Efeitos maravilhosos que esta devoção produz numa alma que lhe é fiel, 141

Artigo I
Conhecimento e desprezo de si mesmo, 142

Artigo II
Participação da fé de Maria, 142

Artigo III
Graça do puro amor, 143

Artigo IV
Grande confiança em Deus e em Maria, 144

Artigo V
Comunicação da alma e do espírito de Maria, 145

Artigo VI
Transformação das almas em Maria à imagem de Jesus Cristo, 146

Artigo VII
A maior glória de Jesus Cristo, 148

Capítulo VIII Práticas particulares desta devoção, 151

Artigo I
Práticas exteriores, 152

§ I. Consagração depois de exercícios preparatórios, 152
§ II. Recitação da coroinha da Santíssima Virgem, 155
§ III. Usar pequenas cadeias de ferro, 156
§ IV. Devoção especial ao mistério da Encarnação, 159
§ V. Grande devoção à Ave-Maria e ao terço, 162

§ VI. Recitação do Magnificat, 164
§ VII. O desprezo pelo mundo, 165

Artigo II

Práticas especiais e interiores para os que querem tornar-se perfeitos, 166

§ I. Fazer todas as ações por Maria, 166
§ II. Fazer todas as ações com Maria, 168
§ III. Fazer todas as ações em Maria, 168
§ IV. Fazer todas as ações para Maria, 170

Suplemento

Modo de praticar esta devoção na santa comunhão, 171

I. Antes da comunhão, 171
II Durante a comunhão, 172
III. Depois da santa comunhão, 174

Apêndice, 176

Exercícios espirituais preparatórios à consagração solene conforme o método de São Luís Maria Grignion de Montfort, 177

Doze dias preliminares, 178

Primeira semana, empregada em adquirir o conhecimento de si mesmo, 183

Segunda semana, empregada em adquirir o conhecimento da Santíssima Virgem, 190

Terceira semana, empregada em adquirir o conhecimento de Jesus Cristo, 190

Consagração de si mesmo a Jesus Cristo, a Sabedoria encarnada pelas mãos de Maria, 197

O Santo Rosário, método para rezar com fruto o S. Rosário, segundo São Luís Maria, 198

Pequena coroa da Santíssima Virgem, 203

Oração a Jesus vivendo em Maria, 207

Oração a Jesus, 208

Oração a Maria, para seus fiéis servos, 209

Magnificat, 210

Prece de São Luís de Montfort, pedindo a Deus missionários, 211

Conecte-se conosco:

 facebook.com/editoravozes

 @editoravozes

 @editora_vozes

 youtube.com/editoravozes

 +55 24 2233-9033

www.vozes.com.br

Conheça nossas lojas:
www.livrariavozes.com.br

Belo Horizonte – Brasília – Campinas – Cuiabá – Curitiba
Fortaleza – Juiz de Fora – Petrópolis – Recife – São Paulo

EDITORA VOZES LTDA.
Rua Frei Luís, 100 – Centro – Cep 25689-900 – Petrópolis, RJ
Tel.: (24) 2233-9000 – E-mail: vendas@vozes.com.br